世界のトップエリートが実践する集中力の鍛え方

ハーバード、Google、Facebookが取りくむマインドフルネス入門

Mindfulness for Businessperson

著 荻野淳也／木蔵シャフェ君子／吉田典生

監修 一般社団法人マインドフルリーダーシップインスティテュート（MiLI）

日本能率協会マネジメントセンター

はじめに

なぜ、世界のトップエリートは忙しくても成果を出し続けるのか？

大事なことへの集中を阻む負の連鎖

「情報の豊かさは注意の貧困をつくる」

これは、ノーベル経済学賞を受賞したハーバート・サイモンが残した言葉です。溢れかえるほど大量の情報に囲まれた社会では、情報に振り回され、大切なことに集中する注意力が衰えてしまう――彼がそんな未来を危惧したのは1971年のことでした。40年という時を隔てた現在、この言葉の意味をどのように受け止めるでしょうか？

新聞、テレビ、雑誌といったマスメディアはもとより、即座に更新されるインターネットニュース、スマートフォンに送られてくるリアルタイムな情報の数々、SNS……絶えず流れ込む情報に振り回され、〝本来やるべきこと〟に集中できない――そんな感覚を覚えることはないでしょうか。

だから、仕事がうまくいかない、そのせいでさらにやることが増える、ますます集中できない……そんな悪循環に陥ってはいないでしょうか。

世界のトップエリートと日本のビジネスピープルは何が違うのか？

一方で、同時代に生き、同じ悩みを抱えているはずにもかかわらず、優れた結果を出し続ける人、いわゆるエリートと呼ばれる人たちが存在するのは確かです。そもそも、世界のトップエリートと呼ばれる立場にある人ほど、大事なことへの集中を阻む要素が溢れかえっているはずです。

それでも彼らはいまこの瞬間に十分な注意力を注ぎ、大事なことに集中して取りくむことで〝その他大勢〟との違いを示します。

デジタルテクノロジー時代の情報の豊かさを、注意の貧困に陥ることなくリードする人の〝違いをもたらす違い〟はどこにあるのか。

私はこの課題に対して先駆的に取りくんでいるグローバル企業を訪ねる機会を得ました。

それは、まさに現代の情報の豊かさを牽引する情報テクノロジー時代の巨星、グーグルです。

同社は「世界中の情報を整理し、世界中の人々がアクセスできるようにすること」というビジョンを掲げ、設立以来、数々の革新的なサービスを生み出してきました。アメリカで行われた「2015年　働きたい企業ランキング」でナンバーワンに輝いていることからも、世界有数のエクセレントカンパニーであることは周知の事実でしょう。

そんなグーグルの社員たちといえば、学業成績優秀、頭の回転が恐ろしく早く、さまざまな情報を迅速に処理し、素早くタスクをこなして高い成果をあげ続ける……そんな〝超デキる人たち〟？

個人主義で明確に自己主張し、高いプレッシャーを背負いながらも激しい競争のなかをわたり続けるタフな人たち？

次々と斬新なアイデアを打ち出し、次々とスタートアップ企業を買収し、〝利益になること〟を厳正に見極めて、それ以外は容赦なく切り捨てて突き進むシビアでパワフルな人たち？

グーグルの社員たちに対して、私は右に挙げたすべてのイメージをもっていました。

しかし実際に会って感じたことが他にあります。それは、「こんなに幸せそうに働いている人の多い職場が、いまの日本にどれだけあるだろうか」ということでした。

そして、〝このままでは日本企業は勝てっこない〟という声が、私の心の中から響いてきました。

世界を席巻するエクセレントカンパニー、グーグルの苦悩

甘い話だけをするつもりはありません。

誰もが憧れる会社であるグーグル——当然、社内での競争は激しく、要求水準の高さは半端ではありません。ストレスであっという間に髪の毛が真っ白……といった現実もあるといいます。

そんなストレスフルな環境では、いかに優秀な彼らでも、目の前の仕事から意識が離れることもあるでしょう。そうでなくても、世界レベルでの激しい競争の中で、従来のやり方、枠組みが通用しなくなっている時代です。心が折れて気もそぞろ、という状況に陥っても不思議ではありません。

しかしながら、集中して自分の力を最大限に発揮することなく、厳しい状況を打開することはできないともいえます。がんばりすぎると駄目になるが、がんばらないと先へ進めない――多く企業、そして多くのビジネスピープルと同じように、グーグルもこのような問題を抱えています。

グーグルのエンジニアたちが〝立ち止まる時〟

しかし、グーグルには、ただひとつ、大きな違いがあります。それは働く一人ひとりのウェルビーイング（身体的、精神的、社会的に健全な状態）と組織の発展の両立に、まったく妥協がないということです。本書で紹介するマインドフルネスも、そうした文脈から取組みがはじまりました。

マインドフルネスとは「今この瞬間に完全な注意を向けた状態」のこと。

脳神経科学の最新の知見では、特定の注意（ある対象への集中）と、とらわれのない開放的な注意（起きてくるさまざまなことにそのつど集中、執着せず手放す）が、自己認識を深める上での基盤であることがわかっています。そしてこの自己認識が、ウェルビーイングはもとよりリーダーシップ、イノベーションにも寄与することが研究によって示されているのです。

2007年に始まった"Search Inside Yourself"（グーグル社内で開発されたマインドフルネス実践プログラム）は、数百名の受講希望者がウェイティングリストに並ぶ、グーグル社内でもっとも人気の高い研修プログラムとなっていることからも、期待の高さがうかがえるでしょう。

世界のトップ企業、ビジネススクールがスキル以上に大切にすること

スティーブ・ジョブズが禅の実践者だったことは有名ですが、いまや「マインドフルネス瞑想」は、グーグルはもとより、ビジネス界に大きな広がりを見せています。

たとえば、同じくアメリカ発の世界的企業インテル社は、世界10万人の従業員に対し、9週間にわたる瞑想の基本的なトレーニングをベースとした、マインドフルネスプログラムの展開を決定しました。そのほか、フェイスブック、リンクトイン、P&G、フォード、マッキンゼー、ゴールドマン・サックスなど、世界のトップ企業が社員教育にマインドフルネスを採用しています。

この動きは、企業だけに止まりません

リーダーシップ、イノベーションなどを意図したメンタルトレーニングとして、ハーバード、スタンフォード、UCバークレーなどといった世界有数のビジネススクールにおいても、「これからのビジネスリーダーに必要な基盤」という認識で、マインドフルネスプログラムが導入されています。

世界のトップ企業、トップスクールで、なぜここまでマインドフルネスが注目されているのか、1章、2章を通してその理由を詳しく述べていくことになりますが、端的にいえば、この現代の厳しく不安定なビジネス環境において、卓越した結果を出し続けるために必要な“何か”を手に入れるヒントが存在しているからにほかなりません。

また、それは、グーグルをはじめとした世界のトップ企業が積み重ねてきた実績というケーススタディに加え、「脳科学」の見地からも実証されています。

たった10分で自分が変わる、組織が変わる、世界が変わる

そして、何より重要なのは、マインドフルな状態は、トレーニングにより誰でも手に入れることができるということです。

いちばんの基本となるのは、呼吸を意識して「今・ここ」を一瞬一瞬受け入れ続ける瞑想です。自分を安全確実に開発していくワークは、極めてシンプル。難しく考えず、呼吸に意識を向けた瞑想を1日に5分でも10分でもいいので試すだけです。

もちろん奥は深いので、最初から完璧を目指す必要はありません。さまざまな壁にぶつかることもあるでしょう。最初に申し上げると、何より大きな壁は「継続」です。

筋トレなどと同じように、マインドフルネス瞑想も実践し、続けることが欠かせないのです。

そこで、本書では、みなさま一人ひとりがトレーニングを「継続」していくための助けとなるよう、理論的な裏づけとともに、トレーニング実践のコツを余すところなくご紹介していきたいと思っています。

「知る」のと「できる」のは大違いですが、「知っている」からこそ「できる」こともあるのです。また、トレーニングにより何が強化され、どのように変化するのかというイメージをもつことで、効果を高められるはずです。

不確定要素が高く、目まぐるしく変化する時代――これは避けられないものです。

今起こりつつある世界規模での変化を止めることはできません。

しかし、そんな不確実な時代であっても、溢れ出そうな自分の感情をうまく乗りこなし、最適な判断と行動につなげることはできます。

それが、より良い未来を切り拓くために、私たち一人ひとりにできることではないかと考えています。

習慣が変われば、自分が変わる。自分が変われば、組織が変わる。組織が変われば社会が変わる――そのはじめの一歩を、本書を通じて踏み出していただけたならば、著者としてこの上ない喜びです。

Contents

世界のトップエリートが実践する集中力の鍛え方
~ハーバード、Google、Facebookが取りくむマインドフルネス入門

吉田典生

第1章

答えのない時代に結果を出す9つの力
マインドフルネスがもたらすもの

吉田典生

第2章
最新の脳科学が解き明かすマインドフルネスの可能性

木蔵シャフェ君子

第3章

世界のトップエリートが実践するマインドフルネストレーニング

荻野淳也

第4章

シーン別・マインドフルネス実践法
毎日をマインドフルにすごすために

荻野淳也

第5章

チームの力を高めるマインドフル・コミュニケーション

成果を出し続ける聴き方、伝え方

吉田典生

第6章

自分をリードする生き方
マインドフル・リーダーシップ入門

木蔵シャフェ君子

序章

いま世界ではじまっていること

ジムでトレーニングをするように集中力を鍛える

Mindfulness

グーグルが革新を生み出し続ける理由

gPause——最善の結果を出し続けるために、立ち止まる時間

多くの社員たちがパソコンに向かったり、空いたスペースでミーティングをしたり、ありふれたビジネスの日常の中、ある時間になると、社員たちが続々と会議室へと入っていきました。

彼らの行き先はごくありふれた会議室、に見えましたが、ひとつだけ大きく異なることがありました。それは、壁際に寄せられている坐蒲。これは、通常、禅宗での座禅や瞑想に使う座布団です。

会議室に入ってきた社員たちは、思い思いに坐蒲に座ります。

床に座るのが苦手なのか、中には固定式の机を取り囲む椅子に腰掛ける社員もいました。

彼らは、当たり前のことのように、ひと言も声を発さず、目を閉じ、本書の共著者である木蔵シャフェ君子のガイドに従い、ただ静かに座りはじめました。15分間の瞑想がはじまった瞬間です。

もし、いま、私たちがいるのが禅寺だったらなんら違和感はないでしょう。

しかし、ここは会社の会議室。しかも、かのグローバル企業、グーグル本社を訪れた際、目にした光景です。

グーグル社内には、「gPause（ジーポーズ）」と呼ばれるグループがあります。[注01]

「gPause」とは、グーグルのgに、「停止」を意味するpauseを加えた造語で、「マインドフルネス瞑想を通して立ち止まる時間」を表します。私たちが見た光景は、ひとつの「gPause」のグループがマインドフルネス瞑想に取りくむ様子でした。

ITの世界に数々の革新をもたらしたグーグルといえば、まさに世界の最先端をいく企業のひとつ。ビジネスの最先端と瞑想……ここにギャップを感じる方も多いでしょうが、当のグーグルにおいては、瞑想に取りくむべき必然性がありました。

逆説的ではありますが、それは、「gPause」に参加する社員の声に表れています。

「（瞑想に取りくむようになり）自分の人生、仕事について、十分に心を注げるようになった」

ここで、あなた自身の日常を振り返ってみてください。

あなたは忙しい毎日の中で、自分の人生、仕事に十分に心を注げているでしょうか。

注01：グーグルの「gPause」は、全世界に38グループ、総勢800名が参加している。また、世界の全従業員の10人に1人が、SIY（25ページ参照）をはじめとするマインドフルネスに関するプログラムを受講している。

マルチタスクが、あなたの集中力を奪っていく

〝心を注ぐ〟というのは、目の前のことに全精力を傾けること。

そのために欠かせない大きな要素は集中力に他なりませんが、日々、集中力を最大限発揮して仕事に取りくめているというビジネスピープルはそう多くないだろうと推測します。

それは、一人ひとりの適性や性格というよりも、グーグルはもちろんのこと、私たちすべてのビジネスピープルを取り巻く時代の流れの中で、**現在のビジネス環境が集中力を奪い続ける構造となっている**からです。


先に結論を述べると、**集中力を奪う最大の要因はマルチタスク**です。

PCを立ち上げ、原稿を作成しながら、プレゼン資料に目をやり原稿に使いたいフレーズを確認する。しばらくするとメール受信を知らせる音が鳴り、気になっていた案件に関する連絡ではないかと思い、メールの画面に切り替えてみる。

よくある風景かもしれませんが、何を隠そうこれは少し前の私の様子です。

パソコンの画面にいくつものタスクが重なっているように、一度に複数の仕事をこなす「マルチタスク」は、現代のビジネスピープルにとっては当たり前のことです。

アナログで仕事をしていたころは、いくつもの案件の書類をいっぺんに机の上に並べるのは物理的に不可能でした。しかし、デジタル化が進んだ現代、パソコンを使えば10件のタスクの同時進行だって造作もないことです。

このように書くと、とても効率化したように思えることでしょう。

マルチタスクでバリバリ働いている――いかにも〝デキる人〟というイメージがあるものです。

ところが、昨今、**マルチタスクは仕事の効率を落とす**ことが明らかになってきています。

ロンドン大学の精神医学科の研究チームが、イギリスで１１００名のビジネスピープルを対象に行ったマルチタスクに関する調査報告があります。それによると、**「メールや電話によって気が散っている時の被験者たちのＩＱは、徹夜明けの時の数値とほぼ等しい」**といいます。

また別の調査によると、「ひとつの仕事に集中するのは難しい」と感じているビジネスピープルは69％にのぼります。この結果からは、集中力は簡単にそれてしまうことがわかりますが、とりわけＥメールによる影響が大きいようです。[注02]

なお、マルチタスクの弊害は、こうした機能面の低下だけではありません。

スタンフォード大学のレポート（２００９年8月24日付）では、**「マルチタスクが常態化することで、脳の重要なふたつの場所が損傷を受ける」**と報告されています。[注03]

注02：出典「Forbes」（2014/6/11）、「Chicago Tribune」（2010/8/10）
注03：出典「Forbes」（2014/10/8）、「Stanford Report」（2009/8/24）

ひとつは「前頭前皮質」と呼ばれる場所で、計画や分析、物事の優先順位づけなど理性的な働きをつかさどる部分。もうひとつは海馬と呼ばれる場所で、ここは記憶や空間学習に深くかかわっています。さらに恐ろしいことに、いったん損傷を受けた場所は回復させることが不可能だといいます。

集中力をそぐだけではなく脳に損傷まで与えている――日々当たり前になっている「マルチタスク」の弊害はここまで明らかになっているのです。

脳に合った生き方、働き方を目指す

そうはいっても、マルチタスクで仕事をこなさなければとてもじゃないけれど仕事が終わらない。それが多くのビジネスピープルの本音でしょう。書類や電話だけではなく、メール、インターネット、ソーシャルメディア、スマートフォン、場所を選ばないスカイプでの会議……と処理しなければならない情報は日々増えています。

実際のところ、**私たちを取り巻く情報は、〝史上空前の量〟**だといいます。

カリフォルニア大学バークレー校の調査によると、2002年から2004年までの2年間に蓄積された人類の情報量は、それ以前の人類の歴史における情報の総量を上回るそうです。この調査後の2000年代半ば以降、それがさらに爆発的に増え続けていることは、ふだんの生活からも容易に想像できるでしょう。

あなたの脳に入ってくる情報、そしてそこから受ける刺激は、人類がこれまでに経験したことのない桁違いの量であり、そして、今後も増え続けることは明らかです。

コンピュータにとってみれば、これは挑戦しがいのある環境です。

CPUの性能を上げ、ネット環境を整備することで、膨大な情報を瞬時に扱うことができるようになるかもしれません。マルチタスクどころか、同時にとてつもない数のタスクをこなすことだって可能かもしれません。

しかし、当然ながら私たちの脳は違います。

脳を、コンピュータのようにマルチタスク型に進化させる——というのはあまりに非現実的。だとしたら、マルチタスクの罠にはまらずに、**人間の脳の特性に合った生き方、働き方**をすることが、このテクノロジーの時代を操縦していく力となるのではないでしょうか。

テクノロジーの進化の時計の針を戻すことはできませんし、テクノロジーの進化が私たちにもたらした恩恵は数多いものです。

なお、そのひとつが、科学的な裏づけをもった瞑想の実証研究です。

未知の領域は多くありますが、激しくあちこちに飛んでいく私たちの意識を戻し、大事なところへとつなぎとめる能力、また精神的な痛手から速やかに立ち直る能力などを、マインドフルネスの実践で鍛えられることがわかってきています。

詳しくは2章で扱いますが、集中力を奪い続けるさまざまな要因に囲まれたビジネスピープルにとって、この発見は大きな希望となるものでしょう。

心を整え、集中力を取り戻すマインドフルネス

グーグルが、社員教育にマインドフルネス瞑想を取り入れた背景には、まさにこうした事情があるのです。

グーグルは、多くの人が憧れる「就職したい会社[注04]」である一方、競争は激しく、仕事に対する要求水準の高さも半端ではありません。

彼らは、私たち日本のビジネスピープルと同じように（またはそれ以上に）、目の前の大事なことに集中できないことの弊害を感じていました。

一時的には、世界から集まった優秀な頭脳集団がもつ知識やスキル、責任感で切り抜けることはできます。しかし彼らが背負い続ける大きなプレッシャーやストレスを放置したままでは、新しい時代を切り拓くイノベーションには限界があります。

働く一人ひとりが人間として健全であることなしに、持続可能性の高い組織はつくれないと考え

注04：2014年、ユニバーサム社が米国の大学生を対象にした調査によると、ビジネスやIT、コンピュータサイエンスを学ぶ学生が「最も就職したい企業」1位、人文科学や文系の学生の間でも2位となっている。

たのです。

そんなグーグルが、まったく新しいリーダーシップ研修としてマインドフルネス瞑想を取り入れプログラムをスタートさせたのは、２００７年のこと。

その中心となったのが、グーグルの"Jolly good fellow"（陽気な善人）チャディー・メン・タン氏（以降、メンさん）[注05]でした。

「Search Inside Yourself」[注06]（以降、ＳＩＹ）と名づけられたこのプログラムは、瞑想を日常のビジネスシーンへと引っ張り出しました。マインドフルネス瞑想が組み込まれたリーダーシップ開発プログラムは、いまや数百人の受講希望者がウェイティングリストに並ぶ、グーグル社内でもっとも人気の高い研修となっています。

冒頭で紹介したgPauseは、このＳＩＹプログラム参加者などが中心となり、研修後にマインドフルネスを定着させていくための活動として展開されているものです。

なお、「マインドフルネス」とは、「意図的に、いまこの瞬間に、評価や判断とは無縁の形で注意を払うことから、浮かんでくる意識」です。これは、マサチューセッツ大学医学大学院のジョン・カバット・ジン博士[注07]による定義です。

はじめて聞くと難しく感じるかもしれませんが、過去や未来に意識を奪われることなく、ただ単

注05：創業期に入社し、サーチエンジンの核をなすアルゴリズム開発の中心となり、エンジニアの最高位に上り詰めた後、自身の大きな価値観の変容を契機に社内においてマインドフルネスを基盤とするリーダーシップ開発プログラム、Search Inside Yourself（SIY）の開発を主導。名刺にはJolly Good Fellow（陽気な善人）の肩書きがある。

注06：マインドフルネストレーニングを通してEI（エモーショナルインテリジェンス）を鍛えることで、健康で幸福で持続可能性の高いビジネスを主導するリーダーシップの開発、実践をめざす企業研修プログラム。現在は認定SIYトレーナーを通して、公開セミナーとして世界各地で実施されている。

に、あるがままのいまの状態——たとえば自分の身体にどんな反応が起きているか、感情や思考はどうか、他者との関係性や場の雰囲気はどうなっているかなど、この瞬間に起きていること——に対して、十二分な注意を払っている状態が、マインドフルネスです。

その効果は、冒頭にご紹介したグーグル「gPause」の参加メンバーの声から垣間見ることができます。

「自分を深く見つめ、自分自身の価値観に気づいたことで、仕事や組織に対する見方も変わった。そして、自分の人生、仕事について、十分に心を注げるようになった」

「忙しいなかで定期的に立ち止まる時間をつくることで、リフレッシュして仕事に戻ることができるんだ」

「仕事では、以前に比べて些細なことでイライラすることが少なくなり、落ち込むようなことがあっても立ち直りが早くなった」

「多様な人たちに対して思いやりをもって接することができるようになってきた。難しい関係にあった家族に対しても。

注07：マサチューセッツ大学医学大学院教授、同校のマインドフルネスセンターの創設所長。MIT で分子生物学の博士号を取得後、1960 年代からヨーガ・禅を実践、西洋科学と仏教の修行・教理を統合し、人々の抱えるストレスや苦しみを低減する療法として、MBSR（Mindfulness Based Stress Reduction Program：マインドフルネス・ストレス低減法）を開発。今日のマインドフルネスの潮流をリードする世界的第一人者。

「そして、人を思いやることが、
自分の仕事のモチベーションやクリエイティビティにもつながっている」

これらの個人的な感想や結果と、マインドフルネス瞑想の因果関係について急いで証明しようというつもりはありませんし、安易に「だからすごいのです」と誇張するつもりもありません。

ただ、実際に起きていることとして彼らの声をそのまま受け取ってみてはいかがでしょうか。


グーグルキャンパス（同社の広大な敷地内は〝キャンパス〟と呼ばれます）には、世界から多様な才能が集い、多くのスタートアップ（新しいビジネスの種をもったビジネス、その組織やチーム）が次々と生まれます。そして手探りでプロトタイプ式にビジネスを動かし、大きく育つ可能性を探り、結果からシビアに選別され、〝これ〟というターゲットに資源を注ぎ込みます。

前例のないビジネスをリードし続けるためには、「いま、ここで起きていること」に注意を向け、理解する明晰さが必要です。

また多様性が高いがゆえに、考え方の異なる仲間との摩擦を共創の力にしていくためにも、**「目の前にいる相手に、しっかり注意を向ける」**能力、習慣が必要です。

マインドフルネスは彼らのそうした課題に向けた、いわば**ビジネスピープルとしてのOS（基本ソフト）**になっているというのが、彼らと一緒にマインドフルネス瞑想をした私の率直な感想です。

「世界でいちばん健康で、幸福、かつ生産的な組織」を目指して

瞑想という方法の意外性はともかく、ただ単に「集中力を訓練する場」「注意力を鍛える研修」と理解すれば、その目的自体は決して新しいものではありません。

会社の利益を最大化する人材を目指して集中力を鍛えなさい、そのために瞑想をしなさい——とグーグルの社員たちは強制されているのではないかという疑問もあるかもしれませんが、けっしてそうではありません。

まず何より、SIYの受講やgPauseへの参加は自主的なものだということ。誰もが好奇心をもって参加しており、**「いままでの自分に足りなかったものがここにありそうだ」**というある種の〝ときめき〟そして確実な〝手ごたえ〟とともに、マインドフルネス瞑想に取りくんでいるように感じられます。

「世界中の情報を整理し、世界中の人々がアクセスできるようにすること」

これは、グーグルが1998年の創立以来掲げてきたミッションステートメントですが、同社がもうひとつ別のビジョンを掲げていることをご存知でしょうか。

「世界でいちばん健康で、幸福、かつ生産的な組織になる」

グーグルにおけるマインドフルネスは、このビジョンのもと、**「ウェルビーイング」**[注08]という大きな意図に沿って動いています。

決して社員をもっと働かせてパフォーマンスを最大化させるという近視眼的な目的ではなく、真の意味で、**一人ひとりの社員たちが〝よりよく生きる〟ことで創造性が解き放たれ、それによって〝持続可能性の高い組織〟をつくっていく**という視座に立って取り入れられたものなのです。

そして、このような（ビジネス、会社という組織のあり方自体を根本から見直すような）グーグルの動きは、ひとつの企業の枠を超え、シリコンバレーの他の企業、さらに全米、世界へと急速に広がりつつあります。

シリコンバレー発、マインドフルネス革命

マインドフルネス革命がやって来る

注08：well-being……身体的、精神的、社会的に健全で、結果として幸福な状態。

「グーグルは特別な会社だから、うちのような会社じゃムリ」という感想をもった方もいるかもしれませんが、ビジネスにおけるマインドフルネスは、まさに破竹の勢いでとどまることなく拡大を見せています。

2013年11月1日付、「ニューヨークタイムズ」紙では、大手企業がマインドフルネストレーニングを導入しはじめていることを伝え、ビジネスピープルが「自分の軸を取り戻す」というニーズに着目しています。また、続く2014年の初頭、世界最大のインターネット新聞「ハフィントンポスト」紙の英語版は、2014年とそれ以降の世界を動かす10のトレンドのひとつとして、マインドフルネスを取り上げたリサーチを紹介しました。さらに同年2月、米国タイム誌が「マインドフル革命」という特集を組み、大手企業幹部たちのなかに起こりはじめた大きな意識転換に目を向けました。

現在、米国の大都市の書店に行けば、Mindful～や Mindfulness～とタイトルの付けられた本が[注09]、たくさん目にとまります。それは既に、本質を理解せず、一般層に安易に解釈されることへの悪影響さえ懸念されるほどです。

なお、実際の浸透度合いという点でいえば、シリコンバレー及び周辺に本拠を置くIT系トップ企業においては、もはや導入は常識の範疇に入っているといっていいでしょう。

具体的な企業名を挙げれば、インテル、フェイスブック、リンクトインなど。またドイツを本拠

注09：Mindful（マインドフル）は、Mindfulness（マインドフルネス）の形容詞。本書では、名詞の「マインドフルネス」と形容詞の「マインドフル」を使い分ける。

とする世界的ソフトウェア会社ＳＡＰも世界中の拠点で導入しています。

しかしこうした動きは、歴史の新しいＩＴ企業だけのものではありません。

たとえば、医療機器メーカーのメドトロニック社は、なんと１９７０年代から瞑想ルームを設けています。同社のかつてのＣＥＯで現在はハーバード大学で教鞭をとるビル・ジョージ氏は、次のように語ります。

「瞑想のビジネスへの導入理由は、もし、あなたが仕事で『いま』にフルに注力していれば、リーダーとしてより力を発揮し、よりよい意思決定ができ、他人とよりよく働けるということだ」

これは、**「いま」にフルに注力できないと、複雑で目まぐるしく変化するビジネスの荒波を、的確な判断のもとで乗り越えていくことは難しい**とも読み取れるでしょう。

少なくとも、あなたが高度な意思決定を求められ、多くの人々とよきチームを築いて高い結果を出していくことを望むビジネスピープルであるならば、集中しようと心がけているとか、ある程度はできている、くらいでは不十分だということです。

その他、フォードやＰ＆Ｇといった伝統のあるメーカー、ウォルマートやホールフーズなど大手流通業にも広がっています。

また、世界最大規模の投資銀行ゴールドマン・サックスは、マインドフルネスプログラムを導入した後、フォーチュン誌が行う「最も働きがいのある企業」のランキングが急上昇したといいます（2013年93位、2014年45位）[注10]。

それに、世界の経済人が集まるダボス会議でも、2012年からマインドフルネスが一大テーマとして扱われるようになっています（当初は経済人に対して「マインドフルネスとは何か」を説くものでしたが、2014年には「リーダーならではの日々の実践」へと焦点が移ってきました）。

ここで紹介したのはほんの一例ですが、グーグルからはじまったビジネスにおけるマインドフルネスの実践が、全米、そして世界へと広がりつつあることがおわかりいただけたでしょうか。

マインドフルネスがもたらすメリット――インテルの事例

では、なぜマインドフルネスはここまで広がりを見せるか、そのひとつの理由を示すのが、イギリスのガーディアン誌で伝えられた、インテル社が実施したマインドフルネストレーニングのパイロット版の効果です[注11]。

対象者は1500名の従業員。各自が受講前と受講後に同じ設問に回答する方法で効果測定が行われました。100点満点による自己採点の結果は次の通りです。

注10：出典「Harvard Business Review」（2014/3/10）

注11：出典「ハフィントンポスト（日本版）」～インテル社が導入、『瞑想で業績を上げる』マインドフルネスプログラム～（2014/05/18）

・ストレス・切迫感……マイナス2ポイント
・幸福感…………………プラス3ポイント
・心の明晰さ……………プラス2ポイント
・集中力…………………プラス2ポイント
・エンゲージメント[注12]……プラス2ポイント

定性的な部分はあるものの、集中力や心の明晰さ、チームワークといった仕事に直結する項目に加え、「幸福感」という仕事を超えた感覚にまでプラスの効果をもたらしている点が非常に興味深いといえます。なお、インテル社は、この結果をもとに、世界10万人の従業員に対してオリジナルのマインドフルネスプログラムAwake@Intel[注13]の導入を決定しています。

その他、マインドフルネスの効果について、心理学専門誌Psychology Todayに掲載された「今日からメディテーションをはじめる科学的20の理由」（2013年9月11日）によると、34ページのような研究も報告されています。

これを見れば、集中力や注意不足の問題以外にも、人が抱える本質的な問題を解決する手段として、マインドフルネスがいかに期待を集めるに足るものか想像がつくでしょう。

注12：プロジェクト、チームワーク、ミーティングでの取りくみの深さのこと。
注13：同プログラムの開発にあたっては、「Search Inside Yourself」の開発者であるGoogleのチャディー・メン・タン氏（25ページ参照）が監修者として協力した。

マインドフルネスの効果

《　健康の促進　》

（1）免疫機能を高める
（2）痛みを鎮める
（3）炎症を細胞レベルで抑える

《　幸福感の促進　》

（4）ポジティブな感情を増進
（5）うつを抑える
（6）不安症を抑える
（7）ストレスを緩和

《　人間関係の改善　》

（8）人間関係を拡げ、EI（感情的能力）を高める
（9）思いやりのある人になる
（10）寂しさを減らす

《　自己コントロールの促進　》

（11）感情の制御力を高める
（12）内省する力を高める

《　脳の開発　》

（13）灰白質《かいはくしつ》を増やす
（14）感情の調整、ポジティブな感情、自己コントロールなどに関わる部位の量を増やす
（15）注意力に関わる部位の皮質の厚さを増やす

《　生産性の向上　》

（16）集中力と注意力を高める
（17）マルチタスクの能力を高める
（18）記憶力を高める
（19）形にとらわれない考え方を増進する
（20）（1）～（19）の相乗効果として、あなたを賢明にする

ハーバード、スタンフォードが示唆する次世代リーダーの要件

マインドフルネスが拡大しているのは、ビジネスの現場だけではありません。

次世代のビジネスピープルの育成の場である大学、ビジネススクール、特にハーバード、スタンフォード、ＵＣＬＡといった名門校でも、マインドフルネスの概念と実践が教えられるようになっています。

心の訓練とは対照的に思えるＭＢＡの授業においても、マインドフルネスが重要視されるようになっているのは注目すべきところです。これは、大きな時代の転換期において、次世代のリーダーに何が必要かについての、ひとつの問題提起といえるかもしれません。

なお、日本国内においても、ＭＢＡ講座へのマインドフルネスの導入がはじまっています。

その先頭を切っているのが同志社大学で、２０１３年6月から、ビジネススクールにマインドフルネスプログラムを導入しています。このプログラムのリーダーシップを取るのは飯塚まり（飯塚さくらこ）教授（ビジネス研究科、グローバル経営研究専攻長）です。飯塚先生自身は、30年前にスタンフォード大学に留学していた時、ＭＢＡクラスで禅に出会ったといいます。当時のことを振り返り、「このために（禅と出会うために）アメリカまで来たのだと思った」という衝撃を、くり返し話してくださいました。

また２０１４年には本書の共著者である荻野淳也が、慶応義塾大学における公開講座でビジネスとマインドフルネスをテーマにした連続講義を行い、大きな反響を得ました。[注14]

このように教育界における広がりも加速しています。

なお、アメリカでは、なんと小学校や中学校でもマインドフルネスを教えるケースが増えています。もしかしたら10年後、子どもたちが瞑想に取りくむことが日本でも当たり前の光景になっているかもしれません。

日本におけるマインドフルネスの最前線

丸の内発マインドフルネス革命!?

今後も日本では、瞑想は宗教的な修行者や一部の卓越した指導者のたしなみとして続くのでしょうか。それともアメリカで「マインドフルネス革命」と呼ばれているような広がりを見せるのでしょうか。

注14：SDM研究所（慶應義塾大学大学院システムデザイン・マネジメント研究科附属、システムデザイン・マネジメント研究所）主催の公開講座。

それは誰にもわかりません。

しかしこれまでに述べてきたように、人類が未だかつて遭遇したことのない情報洪水のなかを生きていく時代にあり、心身の健全さを保つ意味においても、具体的な防御策、強化策を必要としているのは事実です。

だとすれば、マインドフルネスは安心安全で客観性の高い考え方、実践法として、多くの人々にとって有効なものであると考えています。

そして既にそうした意識をもつ人たちの動きが起こりつつあることもご紹介しておきましょう。

2013年9月12日の夜7時。東京・新丸ビルに約70名のビジネスピープルが集結しました。

この日は私たちが「マインドフル・リーダーシップセミナー」と銘打って開催する月例セミナーの初回でした。

参加者の中にお坊さんはひとり、生粋のヒッピーは（たぶん）ゼロ。それ以外はすべて東京または他の地域で働くビジネスマン&ウーマンという構成でした。その後定例化した同セミナーには、毎月数十名のビジネスピープルが集っています。

また、塚田農場や四十八漁場などを展開する一部上場大手居酒屋チェーンを運営する株式会社エー・ピーカンパニーなど、組織としてマインドフルネスを取り入れる企業も増えています。

日本の伝統とマインドフルネス

私たち日本人にとって馴染み深い武道や華道、茶道などいわゆる「道」の世界は、まさに卓越した集中力が求められます。

宮本武蔵の『五輪書・火の巻』には、こんな一節があります。

「観・見ふたつの目の付け方があり、観の目（大局を見る目）を強く、見の目（細部を見る目）を弱くして、遠方をしっかり見極め、近いところを大局的にとらえること。それが、兵法ではもっとも大切なことである」

先々のビジネス情勢をどうとらえ今日どのような決断をくだすか、というビジネスピープルの文脈に置き換えると、じつに普遍的な教えであることがわかります。集中力や注意の向け方は時代を超えたプロフェッショナルの原則として、私たちの文化のなかに継承されているものなのでしょう。

そして瞑想もまた、宗教の枠にとどまるものではなく、実社会を生き抜くための心得だったことが次の言葉からもうかがえます。

「禅とは、言語による表現の範囲を超えたる思想の領域に、瞑想を持って達せんとする人間の努力を意味する」

（新渡戸稲造『武士道』）

かつての日本では、宗教家だけではなく当時の実社会の指導者層にあたる武士たちのなかに、瞑想が日常の実践として浸透していました。

また、武士道の流れをくみ、いまもなお多くのビジネスリーダーに絶大な影響を及ぼし続ける中村天風は、日本初のヨーガ行者であり瞑想の実践家でした。その中村天風に師事した経営者のひとりが稲盛和夫であり、その稲盛氏が創業間もない頃に影響を受けた松下幸之助や、ソニー創業者の井深大も、それぞれの方法で瞑想を日常のものとしていました。

私たちはこうした先達の歩みや研鑽にふれる文化の中にいます。

アップルコンピュータの創業者であるスティーブ・ジョブズが禅から学んだ——と聞いても、奇妙な印象をもつことはなかったのも、私たちがこのようなバックグラウンドをもっていたからではないでしょうか。

そして、このような文化をもつ私たち日本人だからこそ、逆輸入のような形で出会ったマインドフルネスを、ビジネスそして日常生活に活かし、よりよい毎日を生きる方法を模索できるのではないでしょうか。

序章では、現在、世界で起きていることとして、グーグルの挑戦的な取組みからはじまり、シリコンバレー、そして全米、世界へと拡大しつつある「マインドフルネス革命」の概要をご紹介しました。

端的にまとめると、**マインドフルネス瞑想により集中力を鍛え、パフォーマンスを最大限発揮するための土台をつくることは、まるでジムで身体を鍛えることのように当たり前のこととなりつつある**ということです。

世界の現状を知り、早速取りくんでみたい、自分の生活に取り入れたいと思った方は、3章へ進み、マインドフルネス瞑想やその他さまざまなトレーニングをぜひ実践してください。

もちろん、まだ半信半疑だという方が大半でしょう。そこで、1章では、集中できない私たちがいままで以上に集中しないと、よい結果を出すことが困難になってくるという、シビアな社会の現実を見てくこととします。

第１章

答えのない時代に結果を出す９つの力

マインドフルネスがもたらすもの

Mindfulness

結果を出す力①

立ち止まって考え、いままでのやり方を手放す力

結果を出す人は、あえて「立ち止まる」

スポーツジムで筋肉を鍛えるように、集中力を鍛えるマインドフルネストレーニング。いま、世界を席巻しつつあるこの新しい潮流のメリットは何でしょうか。マインドフルネスの実践によって、どんな力が手に入るのでしょうか。その力は、混沌とした現代に生きる私たちに何をもたらしてくれるのでしょうか。

この章では、マインドフルネスの実践によって得られる9つの力を紹介します。

これらの力を手にすれば、あなたは組織の中で、あるいは、もっと広く社会の中で、最高のパフォーマンスを発揮することができるはずです。

最初に紹介するのは、「立ち止まって考える力」、そして「いままでのやり方を手放す力」です。

そんなものが役に立つのかと疑問に感じる人がいるかもしれません。しかし、いったん立ち止まって、身についた従来のクセや習慣を見直さなければ、私たちは従来の生き方を変えることはできません。**新しいやり方を身につけるには、古い殻を破らなければならない**のです。

たとえば、なじみの道を歩いていたつもりが、いつの間にか知らないところに迷い込んでしまった。そんな経験はないでしょうか。そんなとき、どのような行動をとるかと尋ねると、ほとんどの人は「立ち止まる」と答えるはずです。

では、仕事ではいかがでしょうか。何か判断に迷う状況に遭遇したとき、あなたは「立ち止まって」いるでしょうか。

ひと口に「立ち止まる」といっても、さまざまな状況が考えられます。いろいろと手を打ったもののの、うまくいかずに立ち往生し、焦りながらおろおろしているのと、意図的に立ち止まって、全体を俯瞰しているのとでは、状況がまるで違います。

しかし、難しい局面を乗り越えて結果を出す人ほど、後者のように落ち着いて立ち止まっているのではないでしょうか。

「いま」「ここ」で洞察力を働かせるために、あえて立ち止まることが必要なのです。

とはいえ、多くのビジネスピープルにとって、いったん立ち止まって考えることは、じつは、口でいうほど簡単なことではありません。

仕事は増える一方で、プライベートでも役割を果たさなければなりませんし、将来への危機感から勉強もしたい。そんな慌しい毎日で、自分を急き立てることが当たり前になっていると、いつの間にか立ち止まることすら忘れてしまうのです。

本当はいったん立ち止まってじっくり考えたいのに、立ち止まれない――私たちはそれを**「自動操縦状態」**と呼んでいます。多くの人がこの「自動操縦状態」に陥っていますが、**結果を出せる人と、そうでない人を分けるのは、それでも立ち止まって考えることができるかどうか**、です。

迷っているのに、それを無視して歩き続けると、本来行くべきルートからはどんどん外れてしまいます。

だから、シンプルに、「知らない場所に来たらまず立ち止まって居場所を確認する」のです。

結果を出す人は、それを意図的に行っています。

では、結果を出し続ける人はなぜ意図的に立ち止まることができるのでしょうか。

結論を先にいうと、**いまが難しい状況であるとしっかり気づき、焦って安易に反応することがないように、脳の神経回路が鍛えられている**からです。

脳神経がそうなっているからこそ、自動操縦モードで中途半端に推測するよりも、まずは完全に立ち止まることで、それを次の施策、意思決定の起点とすることができるのです。

現在、私たちはかつてないほど見通しの立ちにくい環境で生き、働いています。「道なき道」を進むため必要なのは、あえて「立ち止まる時間」なのです。

脳のデフォルトは「変化が嫌い」

ところが、脳は「立ち止まること」に抵抗します。

世界的に有名なアメリカの精神科医ダニエル・エイメン博士によると、「人が考えることの95％程度は毎日同じことの繰り返し」だそうです。**人間は、放っておくと、ふだんから慣れ親しんだ自動操縦モードのふるまい、考え方を踏襲してしまう**のです。

もうひとつ見逃せないのは、人はコンフォートゾーン（安心領域）で活動しようとする傾向があるということです。これも脳のなせる業《わざ》で、外部環境の変化にかかわらず、生体を常に安定した状態に保とうとする自律的な機能（ホメオスタシス）があるのです。[注01]

たとえば、外気の温度が急速に上がったり下がったりしたときに、体温もそれに合わせて上下したら、生命が危険にさらされてしまいます。そうならないように、体温は自動的に一定に保たれているのです。

いままでのやり方を自動的に踏襲しようとするのは、そのためです。

歩いている状態が平常モードなら、あえて立ち止まろうとしないかぎり、いつまでも歩き続けるのが人間です。

注01：参考『ザ・シークレット』（ロンダ・バーン著、山川紘矢他翻訳、角川書店、2007年）、『わかっているのに「できない脳」（1）エイメン博士が教えてくれるADDの脳の仕組み』、『わかっているのに「できない脳」（2）エイメン博士が教えてくれるタイプ別ADD対処法』（ダニエル・G.エイメン著、ニキリンコ翻訳、花風社、2001年）

その結果、もう通用しない戦略や施策、不適応な働き方を、惰性のまま続けてしまうのです。

よくわからないところへ踏み出すことを避け、慣れ親しんだ方法を惰性で選び、なんとかしようともがき続ける——それが、多くのビジネスピープルの現状ではないでしょうか。


脳の傾向だから仕方ないと、あきらめてしまうのは早計です。

この宿命的な傾向を乗り越えた人、乗り越えようとしている人こそが、混沌たる時代で成果を出し続けることができるのです。

いうなれば、今日の変化の激しいビジネス環境は、いままでのやり方を手放す能力を必要としているということです。そしてその能力は、訓練次第で誰でも手に入れることができます。

本書で紹介するマインドフルネスの実践は、そうした能力を手に入れるための手段なのです。

結果を出す力②

不安定な世界を受け入れ、立ち直る力(レジリエンス)

「VUCAワールド」を生き抜くために

米国陸軍が世界情勢をとらえるトレンドとして伝え、昨今、グローバル企業のエグゼクティブにも注目される言葉**「VUCAワールド」**。変動の幅が大きく（Volatility）、不確実で（Uncertainty）、複雑で（Complexity）、問題の所在がどこなのかさえ曖昧な（Ambiguity）、いまの世の中を指す言葉です。

Volatilityというのは、政治や経済などの潮目が激しく変動し、しかもその変動の幅がきわめて大きいことを表しています。変化が激しいときと安定した状態が続くとき、舵取り役であるリーダーにとって、どちらがよりプレッシャーのかかる状態かは明白です。

Uncertaintyは、不確実さを意味します。どんなに変化が激しくても、変化の方向性さえ見通すことができれば、まだなんとかなるでしょう。しかし、現在起きている変化は、どこに転がっていくかわからない不確実性を伴うものです。これが私たちのストレスをさらに高めています。

そして、先ほど述べたように、未知の状況では、生体が不安定になることを防ぎ、コンフォートゾーンに留まろうとするのが脳のデフォルト状態でした。

しかし、こうした混沌とした世の中では、個人にしろ、組織にしろ、いつかは不安定な世界へ足を踏み出さなければなりません。安定を求めるあまり、激しく変化し続ける現実を無視していると、気づいた時には、取り返しのつかない事態に陥っているかもしれないからです。

生きたカエルを、いきなりお湯の中に放り込めばビックリして飛び出しますが、最初は水に入れ、徐々に水温を上げていくと、その変化になかなか気づかないといいます。こうして「ゆでガエル」

ができあがるのですが、**不安定な世界を前にただ立ち尽くしているだけだと、私たちも「ゆでガエル」になりかねない**のです。

経済成長の著しい新興国で事業拡大を図るために投資したものの、政情不安が高まり、ビジネスがストップしてしまう。やがて誕生した新政権の基盤は脆く、いつ崩壊するかわからない。せっかく順調に稼働していた先進国向けの製品の生産工場も、異常気象による大洪水で操業停止を余儀なくされる――これらはここ数年、実際に起きていることですが、問題の構図が、かつての右肩上がりの高度成長期とはまるで違うことにお気づきでしょうか。

高度成長期にも、抜きつ抜かれつのデッドヒートはありました。しかし、その構図は、現在と比べればとてもシンプルです。

たとえば、テレビを徐々に大きく、高画質に、多機能化していけば、それだけで買い替え需要が発生し、売上を順調に伸ばすことができました。

しかし、現在は単純に高画質、高機能というだけでは十分な訴求はできません。デザインや価格、消費電力、企業イメージなど、人によって、国や地域によって重視する要素が異なり、「これさえやっておけば勝てる」という方程式が、きわめて成り立ちにくくなっています。

しかし、このように変化が激しく、不確実な状況でも、ビジネスピープル、特にリーダー層は、日々大きな決断を迫られています。それは大きなプレッシャーを伴うものでしょう。

日本企業を見回しても、この不安定な環境において、まるで**昔のスタイル**――シェア争奪、売上増加、規模拡大――**以外の選択肢がないかのように、ギリギリの努力を重ねるビジネスリーダーに過度のストレスがかかり、そのことが部下や職場に負の影響を及ぼしている**ように見えます。

「コントロールできないもの」といかに向き合うか

世界は、ひとりの人間の資質や行動によってコントロールできるものではありません。しかし、不安定で先の見えない世界において、結果を出し続けている世界のトップリーダーがいます。

大組織を率いるリーダーといっても同じ人間です。万能ではありません。

それにもかかわらず、彼らはどうやって求心力を保ち、質の高い意思決定を行い、実際に行動に移しているのでしょうか。

必要なのは、**コントロールできない不安定な世界を前向きに受け入れ、疲弊しても速やかに立ち直る力**です。この復元力、折れない心のことを**「レジリエンス**[注02]**」**といいます。

優れたイノベーションや新しいビジネス、新しい組織を生み出す源泉は、変化する現実をしなやかに受け入れ、それをバネにしてさらに上を目指すレジリエンスにあるといえるのです。

注02：レジリエンスとは、ストレスフルな状態で負った精神的なダメージから自発的に治癒が起きる力のこと。復元力、回復力などと訳されるか、そのままレジリエンスと表現されることもある。

あなたの周りにはそのようなリーダーがいますか?

あなたの上司はいかがでしょうか?

もし身近にそうした存在が見当たらないとしたら、あなた自身がそうした力を身につければよいのです。マインドフルネスの実践によって、その基盤を固めることが、あなたのキャリアを築き、組織の成果を高めてくれるはずです。

結果を出す力③
複雑さを受け入れながらも、前に進む力

因果関係がわかりやすい世界から複雑系の世界へ

VUCAワールドのCは、複雑性を意味するComplexityでした。政治の多極化、気候変動、経済のグローバル化、複雑に絡み合った民族問題、宗教紛争、世代間対立、所得格差、貧困問題など、例を挙げればキリがありません。

こうした問題は、**「この要素を変えれば解決できる」という単純なものではない**というのが大き

な特徴です。

所得格差を例にとると、格差を是正しようと法人税や富裕層への所得課税を大幅に引き上げれば、企業の海外移転や富裕層の海外移住が進んで、結果的に、国内の雇用環境が悪化し、税収も減って、かえって格差が拡大する可能性すらあります。

一方、強い企業をより伸ばすことで経済全体を底上げすれば、やがて富が全般に行き渡るという考え方もあります。ところが、ＩＴによる省力化や雇用のグローバル化が進展しているため、強い企業がさらに強くなったからといって、かつてのように誰もがよりよい職に就けるわけではないのです。

エネルギー問題も、教育問題も、少子化問題も、さまざまな要素が複雑に絡み合い、お互いに影響を及ぼし合っています。その境界はつねに流動的で、どこからどこまでが関係しているのか、全体像を把握するだけでも大変です。

これらの問題は、**特定の「問題」というよりは、ひとつの複雑な「システム」**といえます。そして、私たちが「問題」として認識するのは、複雑に絡み合った「システム」において、ある瞬間に水面に浮上してきた「氷山の一角」にすぎません。

ＶＵＣＡワールドの最後のＡは、そもそも何が問題なのかさえ特定できない曖昧さを意味するambiguousです。それくらい、私たちが生きている時代は、複雑で、曖昧模糊としているのです。

振り返ってビジネスの現場を見てみると、こうした問題の複雑さにうまく対処できている例は非常に少ないと感じます。

Aという課題に対してはBという施策、Cという課題に対してはDという施策、といったように、因果関係のはっきりした直線的な問題を解決することには慣れています。しかし、現実には、AとCの問題がじつはお互いに密接に絡み合っていて、Bを実施すると、Cまで変化してしまい、Dという施策が役に立たないということがよくあります。

そうした直線的には解決できない問題を解決するのは困難であるという以前に、感覚として面倒くさいことです。そして先に述べた自動操縦モードが作動しはじめ、**いつの間にか、思考停止状態に陥ってしまう**のです。

アプリではなくOSのアップデートを

では、こうした複雑な問題を解決するにはどうしたらいいでしょうか。

問題解決のスキルが足りないから解決できないと考える人が多いかもしれませんが、そのスキルを満たすだけでは不十分であるというのが私たちの考えです。

これまでは、戦略フレームやシステム思考といったスキルを身につけることで、さまざまな問題に対処しようとしてきましたが、**道具だけで問題を解決するには限界があります。**

ＰＣを例にとって考えてみると、スキルというのはワードやエクセルのようなアプリケーションに当たります。

アプリは、私たちの仕事や生活を格段に便利にしてくれましたが、とてつもなく大きなデータを扱うのに、いつまでも旧式の（たとえば10年も前に発売されたような）ＯＳを使っていては、まともな仕事はできないでしょう。アプリだけ最新のものにアップデートしようにも、ＯＳのバージョンが古すぎて、サポート対象外ということもあり得ます。

さまざまなビジネススキル＝アプリケーションを使いこなすためには、それをインストールして使いこなす「自分自身」をアップデートする必要があります。

ここでいう「自分自身」とは、ＰＣでいえばＯＳに当たります。

複雑な問題に対峙するには、それに見合ったＯＳが必要です。その新しいＯＳは、立ち止まって思索を深めることができるよう、十分「いま」「ここ」に注意を向けるＯＳです。

そして、それを実現するのがマインドフルネスなのです。

マインドフルネスの実践を通じて、複雑な問題を複雑なまま受け入れ、それを許容しながら先に進む、タフなメンタリティが身につきます。矛盾や対立を受け入れること、ハッキリした答えが出なくても、それを受け止める図太さが必要だということです。

矛盾や解決しきれない課題を抱えながら、それでも前進を続けるのは、居心地の悪いものです。

マインドフルネスは心身をリフレッシュする効果があり、こうした居心地の悪さも自分とは切り離して一時的な経験として受容する姿勢を養う効果もあります。心身に生じる〝痛み〟を柔らかく受容するクッションを手に入れるようなものです。「我慢」や「根性」など、力づくで苦難をねじ伏せようとするものとは質が違いますし、より持続性は高くなります。

世界のトップエリートは、想像できないほどタフな環境に身を置いています。

彼らがマインドフルネスを実践するのは、**ちょっとやそっとのことでは揺るがない、タフなメンタリティ**を身につけるためでもあるのです。

結果を出す力④

矛盾や対立をそのままホールドする力

ビジネスの「ルール」が変わった

ビジネスのルールが大きく変わってきています。

その変化をサッカーにたとえると、サッカーをするつもりでグラウンドに行ったら、ピッチサイズが変わっていた、芝生が砂地になっていた、フィールドプレーヤーが30人ずつになっていた、サッカーボールがラグビーボールになっていた、ゴールがバスケットボールのゴールに変わっていた……そんな、**通常では起こり得ないような変化が、ビジネスの世界では現実に起きている**のです。

たとえば、10年前の私たちは、１００ギガバイトを超える大量のデータをクラウド上に無料で保存し、仲間と共有することなど、想像することさえできませんでした。[注03]インターネットで簡単な登録をするだけで、無料で、複数名と、テレビ電話会議ができるようになるなんて、誰が予測できたでしょうか。

これまでのビジネスには共通ルールのようなものがありました。

たとえば、カーディーラーであれば、「自動車（新車または中古車）を販売する」のが当たり前で、よりよい商品をより安く販売し、より気持ちよく買ってもらうために、品揃えを充実させたり、価格を抑える努力をしたり、従業員の接客教育を行ったりするのがビジネスの中核でした。

ところが、近ごろ都市部では急速にカーシェアリングが進んでいます。自動車を自分で所有するのではなく、必要なときだけ借りるのが一般化しつつあるのです。

こんな時代が訪れることを、カーディーラーの経営者たちは予測できていたでしょうか。また、それに対する有効な手立てを打てるでしょうか。

しかしながら、ようやく普及してきたカーシェアリングでさえ、一時的な変化にすぎない可能性

注03：当時のデータサイズの基準はギガバイトの1000分の1のメガバイトか、さらにその1000分の1のキロバイトだった。

があります。今後、自動運転技術が実現することによって、クルマの概念そのものが変化してしまう可能性があるからです。

クルマは買って所有するものから、借りるもの、シェアするものに変わり、その先はどうなるのでしょうか。自動運転車は、一家に一台どころか、ひとり一台、年齢に関係なく誰もが所有するものになるのか、公共タクシーのように、近くにいる自動運転車をみんなで共有するようになるのか、まだ誰にも答えはわかりません。

あるいは、現在、スマートフォンやタブレットで実現している多くの機能が、いつウェアラブル端末――メガネや腕時計のように身につけて持ち歩ける情報端末――に置き換わるか、正確にいい当てることはできません。それどころか、最終的にウェアラブル端末がどんな形状になるかさえ、誰にもわからないのです。

いかに戦うかではなく、ルールから見直す

ここであらためて考えてほしいのは、みんなが同一線上に並び、共通ルールのもとで戦っていた時代のリーダーシップは、ルールそのものがどう変わるかわからない現代においても、そのまま通用するかどうかということです。

答えはいうまでもないでしょう。

ルール自体がどんどん更新されてしまう時代、私たちはどう戦えばよいのでしょうか。

ふたたびサッカーを例に考えると、これまでは基本のセオリーに沿って戦略、戦術を考えればよかったものの、競技環境（ピッチサイズ、芝）や前提条件（人数、使用するボール、ゴールの形状）などが大きく変わってしまったら、**そもそもルールはこれでよいのか、別のルールを採用すべきではないか**、という根本にまで目を向けなければなりません。

けっして大袈裟な話ではなく、働き方や組織というものの概念、経済のしくみ、さらには民主主義のあり方など、すべてをゼロベースで見直す時期にきているのです。

いま、多くの職場には閉塞感が漂っているように見えます。

それは、これまでの競争環境では通じた打ち手が、ことごとく通用しなくなってきたことにも原因があるようです。市場のルールが根本的に変わってしまったのにもかかわらず、その変化に目をつぶり、あたかも従来と同じゲームを戦っているかのように振る舞う。そのことの無意味さが、ようやく自覚されてきたのかもしれません。

私たちに求められているのは、「これまでと同じ市場でいかに戦うか」を考えることではなく、**ビジネスのあり方をゼロベースで見直し、いまの環境にふさわしいルールに書き換える**ことなのです。しかしゼロベースの見直しは前例がなくリスクを伴うので、何を選んでも問題点が出てきます。

身近な問題からも考えてみましょう。

将来の健康を考えて、できれば毎日運動の時間をとりたいし、英語力を高めるために勉強もしたい。その一方、目の前の大事な仕事にも全力で取りくまなければならない。目先の結果を追い求めることは大切ですが、そればかりやっていては将来が危ういとわかっています。ところが、なかなか理想的な時間配分ができずにいるのです。これはまさに私自身が抱える悩みでもあります。

将来を考えて抜本的な対策に取りくむか、それとも目の前にある仕事に全力を尽くすか――これは、単純には答えの出ない、「いま」「ここ」に存在し続ける矛盾です。

どちらか一方を選ぶと、たいてい選ばなかったほうの問題が露呈してきます。だからといって、逆を選択しても、また同じように別の問題が見えてくるのです。

こうした簡単には答えが出ないような問題に、その場で決断を下すリーダーを、人は尊敬の目で見がちです。しかし、その決断は、本当に正しいものなのでしょうか。むしろ、「決めなければ居心地が悪い」という感情に負けて、決断をくだしているだけかもしれません。

混沌の時代におけるリーダーは、こうした矛盾や対立から目を背けず、しっかり直視して、まずは受け入れることが求められます。

矛盾を矛盾のまま受け入れるには、タフなメンタリティが必要です。

いま求められているのは、常に即断即決の〝格好よい〟リーダーよりも、時にはそうした矛盾を抱えながら、なおかつ前進し続ける人物ではないでしょうか。

私たちの周りには、意思決定の質を下げる危険因子がウヨウヨしています。

いまの時代、「簡単には決められない状況」が拭いがたく、たしかに「いま」「ここ」に存在しているのです。そして、そうした問題を直視するときに必要なメンタリティは、マインドフルネスの実践によって鍛えることができます。

結果を出す力⑤
いま自分に起きていることに気づく力（セルフ・アウェアネス）

自分の心を閉ざして結果だけを追い求める上司たち

ビジネスでは、常に結果が求められます。シェア争奪や売上アップという慣れ親しんだ市場経済の枠組みの中で、私たちは〝特定の正解〟を求めて戦い続けています。

しかし、そこには大きな落とし穴が待っている可能性があるのです。

数年前に、私があるプロジェクトで経験したことを紹介しましょう。

会社全体の業績を牽引している事業部門で、新聞沙汰寸前の不正が発生しました。その後、同部門では幹部の資質を抜本的に見直すことになり、「ビジョン構築」をテーマとする幹部研修が企画されました。私は、あるコンサルティング会社を通じてこのプログラムに参画しました。

3カ月間のさまざまなセッションを通して、ひとつの重大な事実が浮かび上がりました。それは営業施策や部下の管理など、業績や生産性に関わる対策は次々と出てくる一方で、従業員のモチベーションや健康といったことには、効果的なアイデアがほとんど出てこないことでした。

この事業部門で昇進してきた人は、押しなべて、高い馬力を誇る〝組織パフォーマンス推進マシン〟ともいうべき、ガッツのあるタイプばかり。一方、出世競争に敗れ、メンタル疾患によって離脱していった同僚が何人もいたり、マッチョな上司の下で、精神的にギリギリのところにまで追い込まれた部下が何人もいるという事実は、見て見ぬふりをされていました。

だから、アイデアを募っても、新入社員でも書けそうな打ち手——個人的なコミュニケーションの機会を増やす、面談制度をつくる、仕事のできる○○にサポートさせるなど——しか出てこなかったのです。

現場は限界に近づいているのに、上司はそれに気づいていない。このままでは、クライアントへの報告は激辛にならざるを得ません。

そんな時のことです。

プロジェクトメンバーとディスカッションしていると、あるコンサルタントが「この会社で成功するには、自分の心を見るサーチライトをオフにしないと無理でしょう」とつぶやいたのです。

これはまさに言い得て妙でした。

幹部として一生懸命に会社のこれからを語っていても、そこには、自分の生きざまが重なってこない。みんな心を閉ざして、会社のために忠誠を尽くしているかのようでした。

心のサーチライトをオフにしている人たちは、意図してそうしているのではありません。**知らず知らずのうちに体得してきた組織への過剰適応の結果、そうなっている**と考えるべきでしょう。

彼らにしてみれば、半期ごとの業績目標をクリアするためには、いま自分の中で何が起きているかなどという、とらえようのない思索をしている時間はありません。部下を鼓舞し、何がなんでも目標数値の辻褄を合わせなくてはならないのです。ひたすらそれだけを考え、強引に身体を動かしていると、業績やら顧客やら商品やらと、**意識は外へ外へと向いていきます**。

もし、そこで充足感や幸福といったものに意識を向けはじめたら、たちまち自己矛盾の罠にはまり、成功の舞台から転がり落ちてしまうでしょう。

立ち止まったらその時点で負け。

それが会社の業績を牽引する事業部門のセオリーでした。

しかし、そんな勝者の勝手な論理が、組織の病巣を育んでいたのです。その結果、不正が生まれ、人々は病み、業績はよくても心から楽しく働いている人はいない組織になってしまっていたのです。

短期的にはなんとかなっても、中長期的には、持続できない組織の典型です。

結果を出すためには、あえて「立ち止まる」ことが必要なことは既に述べたとおりです。

立ち止まり、それぞれが、自分の心のサーチライトをオンにする。組織の論理に流されず、自分自身としっかり向き合う――それが、組織を改革するうえで何よりも大切なことだったのです。

世界のビジネススクールが重視する「自己認識力」

「ビジネスを率いる人間がリーダーシップを発揮するうえで、最も大事な要素は何か？」

これは実際に米国スタンフォード大学のビジネススクールで、教授陣が構成する評議会において出された問いです。そして、なんと回答は満場一致の結果でした。

「セルフ・アウェアネスこそ最も大事である」というのです。

セルフ・アウェアネスは、直訳すれば**「自己認知」**あるいは**「自己認識」**。**自分の思考や感情、他者に与えている影響、強みや弱み、志向性、価値観など、自分の内側にあるものに十分に気づいていることが**、セルフ・アウェアスです。

「いま、あなたに起きていることは何ですか？」

先ほどのクライアントとのミーティングにおいて、私は意を決して、参加者にこう問いかけてみました。すると、多くの人は、職場で起きていることやビジネス環境について話します。それを聞いたうえで、さらに、同じ問いを発してみました。

「いま、あなたに起きていることは何ですか？」

すると、今度は、先ほどとは別の出来事を挙げてくれます。

これは、リピーティング・インクワイアリーという探求のアプローチです。[注04] これをしつこく続けていくうちに、何人かがぽつりぽつりと、本当に自分の中で起きていることを言語化しはじめたのです。それは、セルフ・アウェアネスをうながす心のサーチライトが、ようやくオンになった瞬間でした。

マインドフルネスに関わる脳科学については2章で詳しく述べますが、じつは自己認識に関連する脳の部位は、他者に対する共感や理解をうながす部位と深く関連しています。脳科学的にみると、**自分を深く知ることなしに、他者を十分に理解することはできない**のです。

他者を理解せずに組織や社会を理解できないし、ビジネスを創造できないのは明らかです。

また自分の価値観を認識せずに、自分なりの軸をもって仕事に取りくむことはできません。

注04：リピーティング・インクワイアリーとは、本質的な気づきを促すための大切な問いをひとつ立て、その問いに繰り返し答えていく手法。そのルーツは禅の公案を含め、世界各地の伝統のなかに見られる。

どう見ても**セルフ・アウェアネスなしに、よりよく生きること、よりよく働くこと、そしてよりよいリーダーシップを発揮することはできない**のです。

結果を出す力⑥
静寂から幸せを生み出す力

「成功≠幸せ」という矛盾を乗り越えるために

業界のトップ企業に勤め、それなりの地位につき、年収もそれなりにある。交通の便のいい最寄り駅から徒歩圏内に住みながら、高級車を所有し、子どもは私学に通っている。このようなプロフィールから浮かび上がるのは、明らかに成功者であり、とても幸せな人でしょう。

ところが、いま私たちの社会では、一見「成功」しているように見えても、「幸せ」を実感できるとはかぎらない、というある種の矛盾が生じています。

幸福学で有名な慶應義塾大学大学院・システムデザイン・マネジメント研究科の前野隆司教授によると、**地位財型の幸せ（他人と比べられる財産や、モノ、社会的地位による幸福感）は、長続き**

しないそうです。[注05]

また、GDPと国民の生活満足度は、ある段階から比例しなくなり、**引き続きGDPが上昇しても、逆に不安や不満、不健康な状態が顕在化する**というデータは、日本や米国、英国などあちこちで報告されています。

目の前に転がっている数多くの課題をマルチタスクで管理し、早業で部下に指示を出しながら、結果を残し続けている「デキる人」は、いまの価値観でいうと、一見、成功している人に見えます。

ところが、そんなデキる人ほど、仕事に追われ、自動操縦モードに陥り、「いま自分に起きていること」に目を向ける暇もありません。

それは、はたして本当に幸せな生き方といえるのでしょうか。

日々、仕事に追われているからこそ、しっかりいったん停止する。「立ち止まる」ことで「心のサーチライトをオンにする」と、やがて久しく忘れていた〝静寂〟に出会うことができるでしょう。

あなたの1日の中に、静寂はありますか？　眠っている時間以外の静寂——意識は冴えているが、同時にくつろいでいる状態——は、どのくらいあるでしょう。

セルフ・アウェアネスをうながすために、静寂は必要不可欠です。

静寂こそが、自分自身と世界のありように気づくきっかけになるのです。

そして、本書で紹介するマインドフルネス瞑想は、忙しい日常において、束の間の（しかし価値

注05：参考『幸せのメカニズム　実践・幸福学入門』（前野隆司著、講談社現代新書、2013年）

のある）静寂を生むための絶好の実践法なのです。

グーグルやフェイスブック、ツイッターといった並み居るIT企業の人材開発リーダーたちは、サンフランシスコで開かれたカンファレンス「Wisdom2.0」[注06]において、静寂を「スペース」と呼びました。

静寂としての「スペース」。ここにはふたつの意味が込められています。

ひとつは、物理的な時間としてのスペース（業務時間中や時間外に立ち止まる時間を習慣化すること）、もうひとつは、心に感じるスペース（立ち止まることで得る実際の静寂）です。

忙しいビジネスピープルにとって、このふたつの意味のスペースを確保することは容易ではないかもしれません。しかし、これこそ、世界で最も多忙な企業の人材開発をリードする人たちが、大切にしているものなのです。

あなたが働いている企業には、そうした問題意識があるでしょうか。

もしないようなら、ぜひあなたから改革の一手をはじめてみてください。それは、仕事におけるパフォーマンスを高めるだけではなく、心身の健康にもつながる重要なテーマです。

優れたアイデアは「幸せ」から生まれる

注06：シリコンバレーを中心とする大手企業のビジネスリーダーたちが、世界トップクラスの脳科学者や心理学者、宗教関係者らと交流し、テクノロジーの時代におけるより良い働き方、生き方を通して、ビジネスと社会を変容させていく道筋を探求する国際会議。マインドフルネスに関連する世界最大級の定期イベントとして、サンフランシスコのダウンタンを会場として毎年２月に開催されている他、関連イベントが各地で展開される。

静寂やスペースが利益につながるといっても、まだ多くの企業、リーダーにとっては、絵空事に聞こえるかもしれません。

しかし、これは精神論ではなく、科学的な裏づけを伴っています。

気鋭のポジティブ心理学者であるノースカロライナ大学のバーバラ・フレドリクソン教授は、穏やかに持続する快適な心理状態（ポジティビティの高い状態）において、人は注意力や認知力、行動の選択肢が広がる（brodan-and-build theory＝拡張形成理論）ことを発見しました。彼女は、マインドフルネス瞑想の実践者であることも知られていますが、**ポジティビティはマインドフルネストレーニングを通して高めることができる**といえるのです。

その他の研究の一例を紹介しましょう。

「私は～したい」という文章の空欄をできるだけ多く埋めるワークを行った時のこと。ポジティビティの高い状態で行うと、それ以外の状態のケースと比べて、科学的に有意な多くの選択肢が記入されたといいます。思考が柔軟になって発想が広がり、アイデアが生まれやすくなるのです。

また、ウィスコンシン大学の脳神経科学者、リチャード・デイビッドソン博士[注07]は、気持が上向きの場合、脳の左側の前頭前野が活性化するという研究結果を発表しました。

これは、楽観的だと、さまざまなことへの関心が広がり、思わぬ新しいアイデアなどを受け入れる姿勢が強くなるということを意味します。[注08]

注07：SIYLI（3章147ページ参照）のボードメンバーでもある。
注08：出典「Harvard Business Review」（2013.12）

これらの研究成果をマインドフルネスとの関係から整理すると、適切なマインドフルネストレーニングを行うと、心が開かれ、自分に生じてくるさまざまな思考や感情などを柔軟に受け止る能力が高まります。

とはいえ、マインドフルネスは、いつも笑顔いっぱい、感動いっぱいの日々をつくるわけではありません。**雨の日も風の日も、穏やかに受容できる**ようになる。そうやって生まれてくるのが、**科学的な意味におけるポジティビティ**です。

そこから自分の集中力、立ち直る力（レジリエンス）などが強化され、仕事や日常生活におけるパフォーマンスが向上していくのです。

結果を出す力⑦

幸せを伝染させる力

感情は伝染する

マインドフルネスによって高まるポジティビティは、個人的なパフォーマンスを向上させるだけではなく、リーダーとして周囲に好影響をもたらします。

元気な人から元気をもらう、落ち込んでいる人と一緒にいると暗くなってしまうというのは、誰しも経験のあることでしょう。

じつはここにも科学のメスが入っており、さまざまな研究報告があります。

たとえば、20世紀後半に追跡調査された「感情の伝染性」に関する研究報告は、もともと米国マサチューセッツ州フラミンガムの住民５０００名を対象に、心疾患について調べるためのものでした。しかし、調査を通して、**孤独や悲しみ、幸福につながる感情が近くの相手に伝染していく**ことがわかりました。さらに、興味深い発見もありました。それは**ポジティブな感情のほうが、ネガティブなものより伝染性が高い**ということです。

もうひとつ別の調査研究も紹介します。

アリゾナ大学のフレッド・ワランブワ教授らが、警官79名と彼らの部下を対象に行った調査によると、上司のポジティビティが部下のポジティビティや仕事のパフォーマンスに肯定的な影響を及ぼすことがわかりました。つまり、**上司のポジティビティが高いほど、部下のポジティビティも高く、仕事のパフォーマンスも高まる**というわけです。

さらに、日本でもベストセラーになった、健康心理学者ケリー・マクゴニガル氏の『スタンフォードの自分を変える教室』（神崎朗子翻訳、大和書房、２０１２年）[注09]でも、よきにつけ悪しきにつけ、**人の意志は伝染していく**ということが詳しく述べられています。

注09：原題は『The Will Power Instinct』（意志力の本性）。著者もまたマインドフルネスの実践者で、本書のなかでも度々言及されている。

ここから見えてくることは、よりよい関係性を築きながら、その関係性において、豊かな創造性が解き放たれていく可能性です。

長年組織開発に携わってきた立場として、以前からこうした感触を抱いていました。個人的な感覚について科学的な裏づけデータが増えていることで、多くの方と共有できるようになったことをうれしく感じます。

結果を出す力⑧
共感し、相手を思いやる力

優れたリーダーほど痛みに敏感である

人のストレス耐性は、住宅の耐震強度と同じように千差万別です。

世間で〝成功者〟とされるような人の多くは、強度が高く傷ついた心の復元力（結果を出す力②で述べたレジリエンス）に優れているのでしょう。起業家や経営者、トップアスリート、権力を掌中にする政治家など、あなたの周りにも思い当たる人がいるのではないでしょうか。

レジリエンスの必要性はこれまでにも述べてきましたが、このレジリエンスもまたセルフ・アウェアネスが基盤となります。

自己認知の条件となる内面的な静けさが感情面の回復につながり、感情面の回復が認知的な回復につながる、というのがレジリエンスのステップだからです。

さらに、**セルフ・アウェアネスは他者の気持ちを汲み取り、理解する能力の基盤**でもあります。

あなたがいま、「つらいけど折れずにがんばり続けている」とします。ところが、一緒に仕事をしている人が、急速にモチベーションを下げてしまいました。そんな時、あなたほどタフではない相手とうまく関わっていくには、どうすればいいでしょうか。

認知神経科学の専門家であるタニア・ジンガー博士[注10]によると、**「他人の感情を理解するには、まず自分の感情を理解する必要がある」**といいます。つまり、「じつは自分もつらい」ことを、まず自分が認知する必要があるのです。

では、あなたが「つらい」と感じるレベルまで行っておらず、相手の状況がまったく理解できない場合はどうでしょう。その時は、「まったく検討がつかない」という自分の状態を、はっきり認知する必要があります。

つまり、**自分自身の状態に十分な注意が向けられており、セルフ・アウェアネスがあってこそ、相手に関心を向けることができる**のです。

注10：ドイツ・ライプツィヒにあるマックス・プランク認知神経科学研究所の社会神経科学部門ディレクター。

心の知能指数EQを計測する指標として、EI（エモーショナル・インテリジェンス）を世に広めたダニエル・ゴールマン氏は、効果的なリーダーシップに必要とされる共感として、次の3つがあるとしています。[注11]

- **認知的共感：他者の視点を理解する力**
- **情動的共感：他者の感情を汲み取る力**
- **共感的関心：相手が自分に何を求めているかを察知する力**

みなさんは日々、こうした共感をもって仕事に臨んでいるでしょうか。

この3つは、さまざまな関係性の中で生きる私たちみんながもつべき力でしょう。


他者に対する〝共感〟や〝思いやり〟という、一見、科学とは相性が悪そうな要素が、ビジネスにおいて大切なものであるということは、世界のトップリーダーが異口同音に語っています。

リーダーシップ教育機関として有名なCCL（Center for Creative Leadership）の調査によると、「トップ25%の管理職は、ボトム25%の管理職に比べて、愛情への欲求と実際の満足度が高い」と報告されています。

愛し愛される、というと、ビジネスの文脈から浮いてしまうようですが、**「周囲の人々を思いや**

注11：心理学者、著述家、科学ジャーナリストとして世界的に知られ、EIの提唱者としても有名。ピューリッツアー賞候補に2度選出されており、チャディ・メン・タンの要請で、SIY（序章25ページ参照）の開発にも協力。

り、周囲の人に受け入れられることによって、建設的な関係性を築いている」と置き換えれば、とても納得のいく話ではないでしょうか。

また、共感と組織パフォーマンスについての相関性も示されています。

調査によると、**自然に発揮されている共感力には個人差があるものの、それは訓練によって開発できる**といいます。CCLは、そのポイントとして、コミュニケーションにおける傾聴や、真の客観的な視点をもって他者と関わる姿勢についての教育、思いやりの醸成、文化の異なる多様な人々と関わる管理職の支援を挙げています。

これらはマインドフルネス瞑想や、さまざまなマインドフルネスの実践を通して養っていくことができる要素です。

トップエリートは「思いやり」を仕事の源にする

日本には、社会心理学者の三隅二不二氏が提唱したリーダーシップ論として、PM理論があります。PM理論のPは「パフォーマンス」の意味で、組織において目標を明示して成果を出すために牽引する能力。Mは「メンテナンス」の意味で、人間関係を大切にして融和を図る能力です。

もちろん、PとMが高いレベルで両立していることが望ましいのですが、これは口でいうほど簡単ではありません。

経験上、一般に高く評価されている大手企業では、Pに偏ったマネジメント層の目立つ組織が多い印象があります。明らかにMが多数派だという組織は、なかなか見当たりません。

しかし、それも致し方ないと思うのは、業績志向で部下を追い立てる上司のほうが、短期的には成果をあげやすいからです。これは多くの実証的な研究で報告されています。

ただし、**中長期的な業績で見ると、M偏重型のほうが、P偏重型よりも業績寄与率は高い**のです。

あなたの組織、または上司や自分のマネジメントスタイルを図に当てはめるとどうなるか、見直してみてはいかがでしょうか。

P偏重の組織にMの要素を入れて、なおかつPも失わずに高いレベルで使い分けていく。じつは、これがビジネスにおける本当の意味での**「思いやりのリーダーシップ」**です。

英語でコンパッション（Compassion）と呼ばれる**「思いやり」**には、両立させなければならないふたつの要素があります。ひとつは他者への共感（相手の気持ちがわかるということ）、もうひとつは**他者を理解して自分がなすべきことをする**ということです。

自分のことを心から思ってくれた親や恩師のことを思い出すと、イメージがわきやすいのではないでしょうか。甘い共感や同情だけの存在でもなければ、一方的なスパルタでもないはずです。

プロとして結果を出すために、よりよい関係性を築くためのヒントがそこにあるのではないでしょうか。

ＰＭ理論：Ｐ（パフォーマンス）とＭ（メンテナンス）

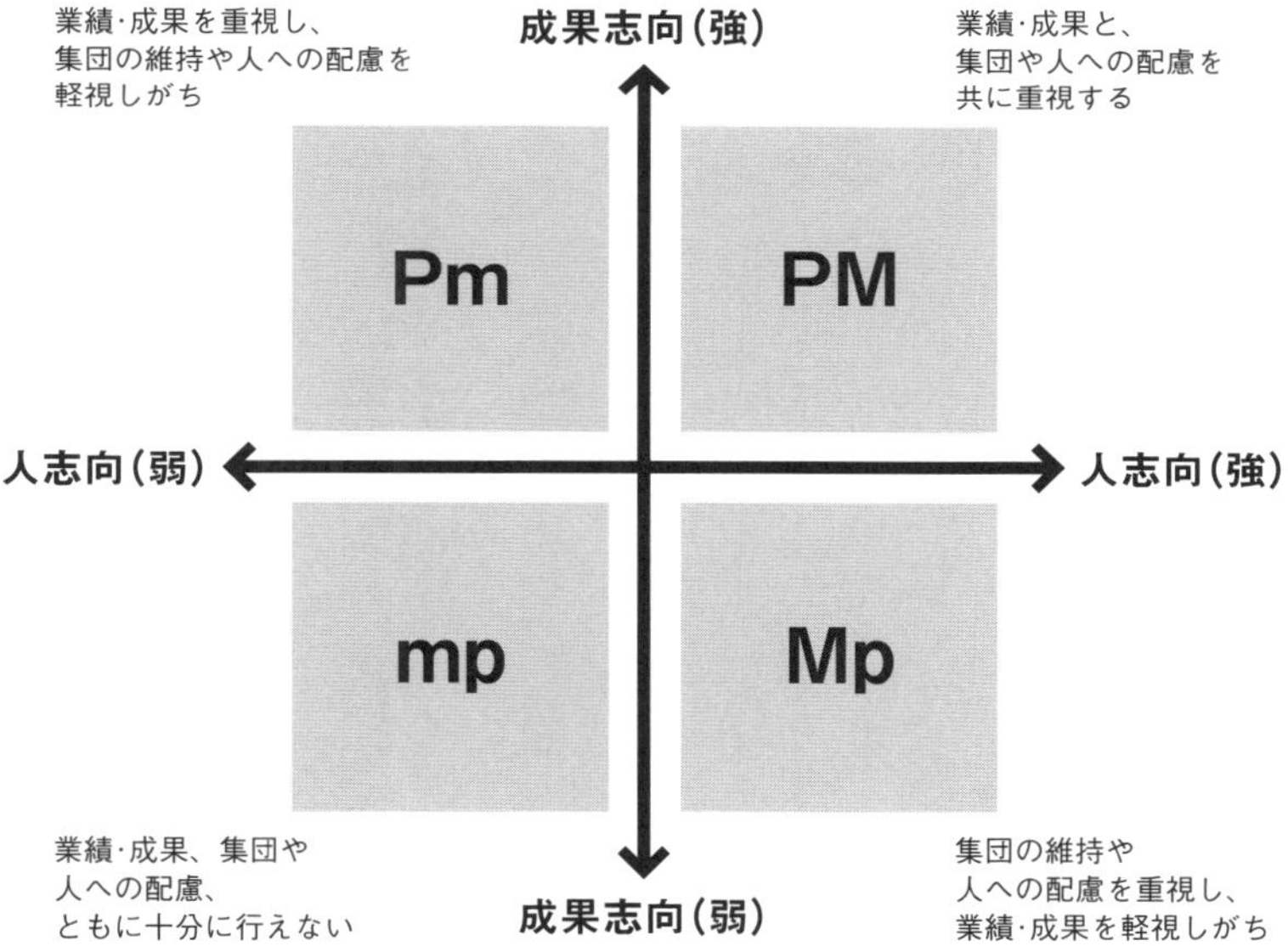

そして、マインドフルネスは、この「コンパッション（思いやり）」を滋養する科学的なアプローチであることもわかっているのです。

結果を出す力⑨

いま、この瞬間に本領を発揮する力

いま、この瞬間に集中すると何が起きるのか

ここまで、マインドフルネスが私たちにもたらす力について説明してきました。それでも、まだマインドフルネスの必要性に疑問を感じている人もいるはずです。

私もある場所で、こんな風に聞かれたことがあります。

「だって、座って目を閉じて、呼吸に注意を向けるだけでしょう？」

現実的な人ほど、このように感じても不思議はありません。

〝瞑想〟という（日本人にとっては）伝統的な実践と、複雑な現代のビジネスにおけるパフォーマンス。頭では理解したつもりでも、両者のギャップは大きいようです。

これまで述べてきたように、マインドフルな状態は、大切なことを洞察したり、新たな創造を生む能力を高めるだけではなく、他者との良好な関係性に寄与します。その関係性によって、さらに洞察や創造の好循環が起こります。

すべてにおいて、マインドフルネスが与えてくれる「いま、この瞬間に注力」することが前提となるのです。

79ページの図で一人ひとりの仕事のパフォーマンス・リーダーシップ、組織のパフォーマンス、心身の健全性という観点から、マインドフルネスの効用をあらためて整理しておきましょう。

脳科学が証明するマインドフルネスの効用

自他の感情を理解して効果的に対処する能力（ＥＩ）が、マインドフルネスを通して開発されることもわかっています。詳しくは2章で解説しますが、**脳神経・脳科学の面からビジネスをとらえた時、ＥＩとビジネスのパフォーマンスは重大な相関があるもの**です。

とはいえ脳神経・脳科学は、まだまだ未開拓領域が多い分野です。

不確かなことが多いという事実を尊重したうえで、明らかになっている大切なポイントをひとつ紹介すると、脳は使っている場所から鍛えられていくという「Neuroplasticity（神経可塑性）」をもっています。脳は訓練によって鍛えられ、その変化を（ある程度のところまでは）検証できるのです。

つまり、**瞑想という伝統的なアプローチが脳と心にプラスの影響を及ぼす**ことが、既に科学的に証明されています。そしてその影響が、仕事をするうえでの基盤（ＯＳ）として効果的に機能していくのです。

次の２章では、私たちの脳がもっている避けられない特性と、脳科学からみたマインドフルネスの可能性を詳しくみていきます。

マインドフルネスがもたらすもの

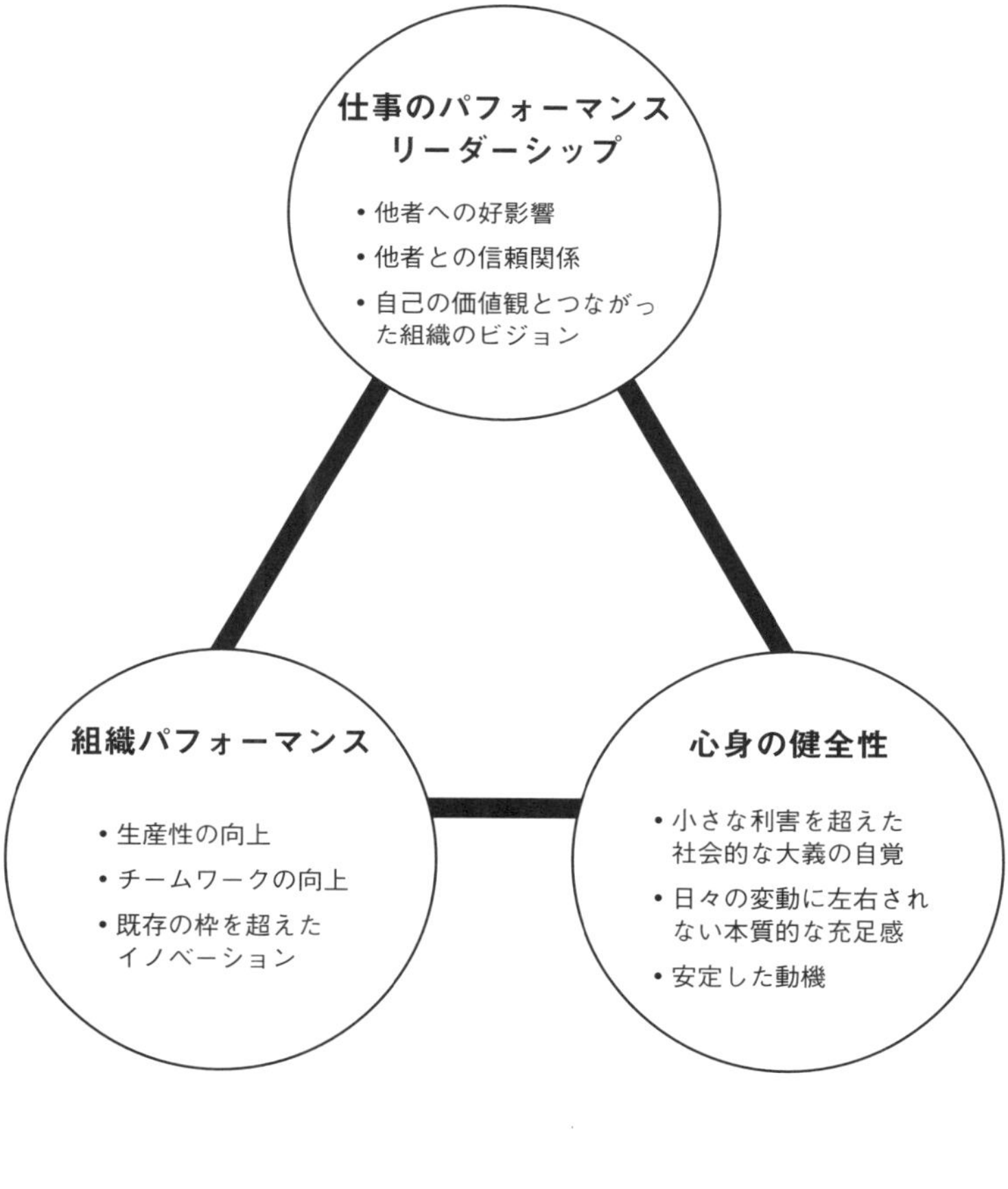
仕事のパフォーマンス
リーダーシップ
• 他者への好影響
• 他者との信頼関係
• 自己の価値観とつながった組織のビジョン
組織パフォーマンス
• 生産性の向上
• チームワークの向上
• 既存の枠を超えたイノベーション
心身の健全性
• 小さな利害を超えた社会的な大義の自覚
• 日々の変動に左右されない本質的な充足感
• 安定した動機

第２章

最新の脳科学が解き明かす
マインドフルネスの可能性

Mindfulness

天才も凡人も脳のしくみには逆らえない

大震災、私の脳に起きたこと

この章のテーマは、マインドフルネスが私たち人間の脳を〝直接的〟かつ〝ポジティブ〟に変えていくことができるのはなぜか、そのしくみを解説することです。とてもエキサイティングなテーマですが、同時に、とても難しいテーマでもあります。何しろ脳科学の世界の話ですから、書いている私にとっても、チャレンジングな話題です。

そこでまず、私自身が体験したことからお伝えしたいと思います。

1995年当時、兵庫県の芦屋市に住んでいた私は、阪神・淡路大震災を経験しています。

その時、私の脳がどうなっていたか。どのように情報を収集し、どんな指令を出していたのか。

それをみなさんと共有することからスタートします。

大震災など経験しないに越したことはありませんが、私の身に起きたことを通じて、みなさんにも、脳の働きの限界と、それを開発する可能性について、知っていただきたいのです。

１９９５年1月17日の早朝5時46分、それはなんの前触れもなくやってきました。

地響きなのか爆発音なのか、いまでもよくわかりませんが、とにかく強い衝撃音で私は叩き起こされました。目覚めた瞬間、身体が飛ばされそうなほど家が揺れ、反射的にベッドから飛び起きた私は、寝室の窓枠に手をかけながら、必死に身体を支えました。

その時点では、これが後世に語り継がれることになる阪神・淡路大震災のはじまりだとは、知る由もありません。それどころか、この大きな揺れが、地震によるものかどうかもわかっていませんでした。

まだ暗い真冬の早朝です。いったい何が起きているのかと思いを巡らせました。

次第にマンション自体が大きく軋む音が聞こえてきます。

足元が激しく横揺れしています。

「地震だ！」

そうはっきりと自覚した後、揺れはさらに大きくなり、本棚が倒れ、食器が飛び出し、ものすごい音を立てて床にばらまかれました。

いよいよ心臓の鼓動は激しくなりましたが、あまりの恐怖のために身体が硬直してフリーズ。窓にもたれかかったまま動けない私の視界の向こうには、飛び散る火花に照らし出された空が見えます。電線が切れて、スパークしていたのです。

自分の意思ではコントロールできない脳の働き

さて、この時、私の脳には何が起きていたのでしょうか。

順を追って振り返ってみましょう。

私は大きな揺れによって目覚めました。

私の鼓膜に震度7の「ドーン」という振動音が届いた瞬間、この聴覚刺激は脳の**海馬**《かいば》と呼ばれる場所に送られます。この海馬は、情動（一時的な激しい感情の動き）や感情をつかさどる**大脳辺縁**《へんえん》**系**《けい》の中にあり、記憶や学習に大きく関わる場所です。

海馬は聴覚だけではなく、視覚や嗅覚情報からも記憶の元ネタを集めています。夜明け前の暗闇、窓の外に映る閃光、マンションの軋む音なども、記憶の素材として収集されていきます。不測の事態にあっても、人間の脳内オペレーションはじつに緻密で、筋書きどおりに仕事をしているのです。

こうして集められた情報は、同じ大脳辺縁系の中にある**扁桃体**《へんとうたい》という場所に中継されます。ここ

その時、脳に何が起こっていたか——扁桃体の働き

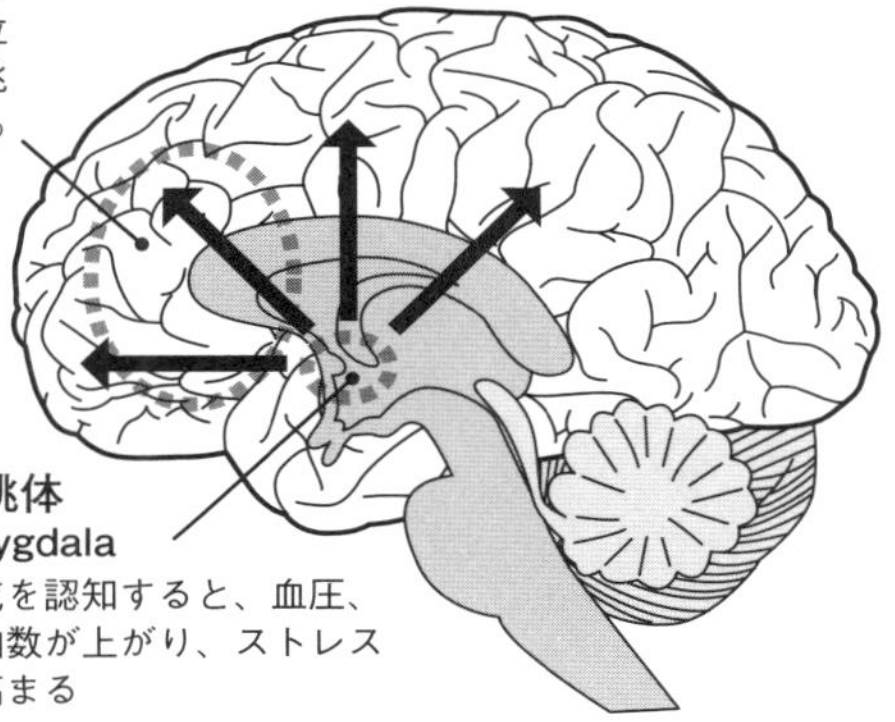
前頭前皮質
Pre-Frontal Cortex
理性的な思考をつかさどる部位の働きが、扁桃体によって乗っ取られてしまう
扁桃体
Amygdala
脅威を認知すると、血圧、心拍数が上がり、ストレスが高まる

は海馬から送られた五感の情報に反応して、快適さや不快さなどの情動をつくる場所。不快さを生んだときは、**「闘争」「逃走」「硬直反応」**の３つの指令のうちのどれかを他の脳の部位に送ります。

私が事情もわからないままベッドから飛び起きたのは、瞬間的な極度の不快感によって「逃走」の指令が送られたためだと思います。

次に、私の脳の扁桃体は、はじめて体験する巨大地震の恐怖や不安という不快感によって、私の身体にフリーズせよという指令を出したようです。これが「硬直反応」です。私が自分の部屋で動けなくなったように、本当にショッキングな出来事に遭遇すると、動けなくなってしまう人がいますが、それは扁桃体が理性の働きを制限し、判断を単純化させているひとつの現れです（これがもたらす影

響などについて、詳しくは後で述べます）。

続いて、私の心臓は恐怖のあまり激しく脈打ちますが、この心臓の高まりも、私自身はコントロールすることができません。それは、私のようにちっぽけな存在ではなく、たとえば秦の始皇帝やチンギス・ハン、ナポレオンのような歴史上の偉大な人物であっても同じです。

扁桃体がつくりだす情動のシグナルは、そもそも人間が抗えないものにつながっているからです。

マンションの寝室で大地震の衝撃を受けた私の扁桃体からの情報は、**間脳《かんのう》**の中にある**視床下部《ししょうかぶ》**にリレーされます。

ここは自律神経を働かせる場所で、摂食や性的な衝動といった快の情動も、恐怖や怒りなどの不快な情動も、ここで身体反応として強化されます。

私がベッドから反射的に飛び起きたのも、フリーズしたのも、心臓がドキドキし続けたのも、自律神経のひとつである交感神経が正しく働いていたからです。

生涯忘れることのできない「地震の最中の私の行動」は、自分の意思ではコントロールできない自律神経に支配されていたのです。

脳の連携プレーは必要悪

地震の瞬間の脳の働き――これを科学のスパイスを入れて表現するなら、**「海馬・扁桃体・視床**

下部による連携プレー」といえます。

これらが存在する大脳辺縁系では、さまざまな機能が複雑に絡み合って仕事をしています。その中でも、この3つの連携プレーこそが、原始時代からヒトを守り続けてきた中心的な働きです。

この連携プレーがなかったら、突然自分の身に振りかかった危険を敏感に察知することはできません。また、その時の強烈な体験から学び、教訓にすることも難しいでしょう。

扁桃体がつくった快や不快の情報は海馬に送り返され、情動記憶として強化をうながすようになっています。次に似たような場面に遭遇した時、前回よりもうまく対応できるのは、恐怖や不安の記憶が刻まれているからです。

さらに食欲や性欲、その他の感情的な強い衝動も、この連携プレーによって生まれます。だから人間は種を残し、サバイバルし、敵から巧みに逃げ、闘い抜くことができたのです。

その意味で、「海馬・扁桃体・視床下部による連携プレー」はとても大切なのですが、いいことばかりではありません。

扁桃体でつくられた情動が海馬に戻り、海馬による学習と記憶が大脳に刻み込まれる結果、**私たちはずっとその記憶から逃れられなくなることもある**のです（本章の後半で再度述べます）。

阪神淡路大震災からの復興は、みなさんもご存じのとおり急ピッチで進みました。地域によってはさまざまな困難が残りましたが、幸いなことに私個人は〝表向き〟は大きな影響を引きずることもなく、元の生活に戻ることができました。

しかし、私の脳内では別の物語が続いていたのです。

あの日以来、私は、地震とは関係のない小さな揺れや音にも過敏になり、すぐに心臓が高鳴り、ベッドから飛び起きる日々が何年も続きました。

肉食獣に襲われる恐怖から逃れても、また翌日に肉食獣に襲われる危険に満ちた原始時代には、この連携プレーが必須でした。しかし、現代に生きる私たちには、時として、このしくみが苦痛のタネになります。

私たちの脳は、デフォルト（初期設定）状態では、必ずしも現代の私たちの生活とマッチしていないからです。

私が経験したのは特殊な出来事でしょうか。

いいえ、脳の働きという意味では、決して特殊ではありません。大震災に遭わなくても、もっと身近なところに、同じ脳の働きがもたらす問題が潜んでいます。

たとえば、「横暴な上司と2年間一緒に仕事をして、毎日のように大声で怒鳴られ怯えていた」「満員電車で痴漢に遭い、恐怖と怒りに震えたが何もできなかった」といった体験は、記憶に刻み込まれ、連携プレーを発動する要因になり得ます。その結果、「また仕事でうまくいかなかったらどうしよう」「満員電車や人混みが怖い」といった思いが拭えないまま、ほんのわずかな刺激で強い情動がわき起こり、心身を消耗させてしまうのです。

ゆっくり落ち着いて考えれば、たいしたことはないと思われることであっても、身体が拒否反応を示したり、急に冷静さを失ってしまったりするのは、**自分の意思ではコントロールできない自律神経の領域で問題が発生している**証拠です。

そして、このようなことは、私たちの身の回りで頻繁に起きています。

「変化し続ける世界」と「変化しない脳」のギャップ

脳の初期設定は「原始時代」向き

人類の歴史がはじまってからざっと200万年。[注01] 現生人類（ホモ・サピエンス）が登場したのはおよそ25万年前です。

以来、私たちのライフスタイルや価値観、社会の規範は変わり続けてきました。きわめて単純化していえば、以前よりはるかに安全になり、省力化され、あらゆる領域においてルールが共有され

注01：人類の誕生には諸説あるうえ、まだ解明されていないことも多いが、200万年前に現れたホモ・ハビリスが、最も初期のヒト(人類)だといわれている。

るようになりました。

もちろん、現在も飢餓や戦争、圧政に苦しむ人々がいることは確かです。しかし、たいした道具ももたなかった原始時代の人々と、現代人の暮らしが根本的に違っていることは、みなさんにも同意していただけると思います。

現生人類が25万年前に登場したあと、食物連鎖のトップに立ったのは約1万年前のこと。ここではじめて、人類が地球を支配するようになったのです。

さらに、前述したように**「はるかに安全になり、省力化され、あらゆる領域においてルールが共有される」**ようになったのは、18世紀半ばの産業革命以降のことで、わずか250年ほど前の出来事にすぎません。

人類25万年の歴史を100とすると、人類が世界の中心になってからの歴史は最後の4%、現代のテクノロジー社会になってからは、わずか0・1%の時間しか経っていないことになります。

このように、人類史を長いスパンでみれば、現代に生きる私たちの脳が、原始人の脳とまったく同じだといわれても、納得できるのではないでしょうか。

つまり、私たち現代人の歴史は、自然な進化によって脳をアップデートするには、あまりにも短すぎるのです。

その結果、私たちの脳は、野生動物とともに弱肉強食の世界を生きていた祖先と同じしくみを維持しています。

しかし、加速度的に進化するテクノロジーとグローバル経済の時代にあって、脳が原始の初期設定のままであることの危険性に、いま、私たちは気づきはじめています。なぜなら、脳科学による検証を通して、**「変化し続ける世界」（自分の外部）**と**「変化しない脳」（自分の内部）のねじれ現象**を、はっきりと可視化できるようになってきたからです。

デジタル時代を生きる「原始の脳」

ここであらためて、原始人の生活環境を思い起こしてみましょう。

- 他の動物に襲われる危険性が常にある
- 他の人間にさえ、襲われたり物を奪われたりする危険性が常にある
- 屋外の気温の変化が命にかかわる
- 食料の供給が不安定で、餓死の危機と隣り合わせである
- 流産や早死には当たり前なので、子どもはできるだけ多く産む

私たちがいまここで、こんな話をしていられるのも、このような過酷な環境を生き抜いた祖先がいたからです。

私はおっとりした性格で、何事も他人に譲ってしまうようなところがありますが、原始時代の厳しい環境下では、さぞかし生きづらかったに違いありません。あの時代に適していたのはきっと、外敵に対して即座に反応し、逃げ足が速く、アドレナリンをたぎらせて果敢に闘い、恐怖体験をよく記憶して常に身構え、誰よりも早く食べ物を貪り食い、性的衝動も強いタイプでしょう。

自分とは違うとどんなに否定したくても、私たちは、そうした祖先のDNAを引き継いでいます。

仕事でついカッとなって部下に当り散らしてしまう。もっと仕事と私生活のバランスをとりたいと思っているのに、ライバル企業からシェアを奪い取るために、仕事の鬼になって帰宅できない。その反動で、お酒やグルメ、異性の誘惑に負ける。よくないと思いながらも、オンラインゲームやSNSにムダな時間を費やしてしまう。怖がりなのにプッツリ切れてしまう。カッコよく見せようとしているけれど内心、不安でしかたがない。楽しい記憶よりもつらい記憶を思い出す。いつも身の安全を優先し、変化するのを億劫に感じる……。

21世紀の地球に生きる私たちが密かに抱えるさまざまな問題の原因の多くは、好むと好まないとにかかわらず、祖先から受け継いだ脳にあります。

「変化し続ける世界」と「変化しない脳」のギャップが私たちを苦しめているのです。

脳をアップデートする手段としてのマインドフルネス

時代の変化に合わせて脳を進化させる

放っておけば、私たちの脳は原始時代の脳のままです。

でも、あきらめるのはまだ早い。朗報があるのです。

脳はトレーニングによって進化させることができます。その手段が**マインドフルネス**です。

その中身を紹介し、知るだけではなく誰もが実践できるようにすることが、本書の大きな目的です。


時代の変化に合わせて脳を進化させることで、自分がよりハッピーになるような働き方・生き方を実践できます。

自分自身がハッピーになれば、周囲の人たちをハッピーにすることができます。それを推し進めていけば、世界をもっとハッピーに変える起点となることができるのです。

特にビジネスの世界でリーダーシップをとる立場にある人、リーダーを目指している人が、自分の脳を進化させることで、社会が変わり、会社が変わる。私たちはそう信じています。

理性をつかさどる大脳新皮質

マインドフルネスを通して、私たちは**脳をアップデートし、グローバル化とデジタル化が加速する時代に合わせて最適化する**ことができます。

「脳のアップデートなんてできるの?」と首を傾げる人がいるかもしれません。

しかし、これは信念や信仰の話ではありません。あくまで最新の脳科学や脳神経科学、心理学にもとづく科学的な実践論です。

疑り深い人のために、ここで、もうひとつの脳の領域について簡単に触れておきましょう。

それは大脳新皮質と呼ばれる場所で、これこそが私たち人類の文明の発達を支えた、比較的新しい脳の部位です。

大脳新皮質は、**物事に関する理性的な判断、そのもとになる思考**をつかさどっています。人類社会の発展の歴史を見れば、大きな役割を果たしてきたことがわかりますが、弱点があります。

外界からの情報をキャッチするのが、大脳辺縁系に比べて遅いのです。そのため、往々にして、先につくられた（悪しき）情動によって、私たちの言動が左右されてしまうのです。

阪神・淡路大震災のあと、私を苦しめた後遺症は、じつは、大脳新皮質が有効に機能しなかったために起きたともいえます。情報をいち早くキャッチした大脳辺縁系グループの連携プレーが優先されたため、私はそこに刻み込まれた記憶に何年も苦しむことになったのです。

脳の構造は変わらないが、連携プレーは変えられる

脳の構造として、情報が届く順番を変えることはできません。しかし、**快や不快の情動をつくり、支配する大脳辺縁系の連携プレーに働きかける**ことはできます。

さらに、私たちが祖先と同じように反応するのをやめ、現代にふさわしい判断ができるように、**大脳新皮質の働きを開発する**こともできます。

現生人類25万年の伝統を受け継ぎ、テクノロジーの時代のメインストリームに躍り出てきたマインドフルネスの実践。瞑想によって、脳機能に明らかな変化がもたらされるという学術的な報告が、昨今、目覚しい勢いで増えています。

英語の文献では、ざっと数千もの論文や報告を確認することができます。しかも、毎日のように、

新たなリソースが登場しているほど、ホットなテーマとなっているのです。

瞑想をすると脳はどうなるのか？

瞑想の効果を科学的に解析

ここ10年で、マインドフルネスがビジネス界や教育界に広がってきた大きな理由として、アメリカを中心に起こった瞑想の科学的理解の深まりが挙げられます。

それまでは、瞑想は宗教的なものであって、科学的調査の対象となることはほとんどありませんでした。宗教・精神の世界と、計測・再現性を重んじる科学の世界は、水と油と考えられていたからです。

科学的にはタブーとされた瞑想。その溝を埋めるきっかけをつくった人物が3人います。

ひとりは〝世界一幸せな男〟の異名で知られるチベット仏教の僧侶、マチュー・リカール。ダライ・ラマ14世の側近である彼はフランス人で、生物学の博士号をもち、以前はフランスのパスツール研究所[注02]の研究者でした。

彼がなぜ〝世界一幸せな男〟と呼ばれるかというと、世界的な脳科学者によって「幸せであること」を示す彼の脳の特性が実証されたからです。

その科学者とは、感情についての神経科学的な研究を行ってきたリチャード・デビッドソン博士。3人の立役者のうちのふたりめです。デビッドソン博士はハーバード大学で心理学の博士号を受けたのち、ウィスコンシン大学で感情と脳に関する研究の第一人者となりました。

じつは、彼自身も40年来にわたる瞑想の実践者で、ハーバード時代に瞑想の研究をしたいと大学に申し出たところ、担当教授から「悪いことはいわないから、それだけはやめておけ」と説得され、しかたなくこっそりと瞑想を続けていたそうです。

やがて、リカールとデビットソン博士というふたりの立役者が交わる時がやってきます。その出会いを仲介したのは、他ならぬダライ・ラマ14世でした。

1992年、デビッドソン博士の感情の神経科学的研究に関心をもったダライ・ラマ14世は、彼と面会し、瞑想とその影響を科学的に解析してほしいと依頼します。

1990年代は、脳内活動についての研究が劇的に進んだ時期です。その後、fMRI（機能的磁気共鳴断層撮影[注03]）とEEG（脳波計[注04]）というふたつの測定器が登場し、これらを通じて、人類ははは

注02：パリにある生物学・医学研究を行う非営利民間研究機関のこと。

注03：核磁気共鳴画像法（MRI）を用いて、脳や脊髄の活動に関連する血流動態反応を検査する方法で、主に脳内の特定の活動がどこで行われているかを検査するのに用いられる。

注04：本来は人や動物の脳波をEEG（＝Electroencephalogram）というが、その電気活動を記録する装置も、一般に同じように呼ばれる。主に脳内で特定の活動が、いつどんな時に行われているかを検査するのに用いられる。

じめて生きている健康な人間の脳の活動をライブで観察することができるようになったのです。

ちなみに、それまでの脳科学は、脳卒中や事故によって脳に障害を負った患者や、死体の解剖がよりどころとなっていました。そのため、生きている人間による瞑想のポジティブな影響を観察することなど不可能でした。

〝世界一幸せな男〟の脳の中身

2004年、ついに「瞑想の効果を科学的に測りたい」というデビッドソン博士の長年の夢が現実のものとなります。

ダライ・ラマ14世の紹介で、1万時間以上瞑想経験のあるマチュー・リカールをはじめとするチベット僧の脳がどうなっているか、測定できることになったのです。

実験では、比較のため、瞑想経験のない学生の脳と合わせて、調査結果が発表されました（結果を検証するために行われる実験を「対照実験」といい、その対象グループを「コントロールグループ」と呼びます）。

実験の結果、**瞑想経験者は、特定の脳の機能がより活性化し、かつ特定の部分の皮質の厚みも増しているる**ことがわかりました。つまり、脳の機能（働き）と構造（つくり）の両方において、瞑想の経験者と未経験者（コントロールグループ）のあいだには、科学的に有意な差があると結論づけられたのです。

この発表は大きな反響を呼びました。

マインドフルネス瞑想や思いやりの瞑想[注05]を長期にわたって行うと、脳にどのような変化が起こるのか。この調査がきっかけとなり、科学とマインドフルネスはつながりを得たのです。

さらに、デビッドソン博士の画期的な研究と時を同じくして、１９９０年代からマサチューセッツ大学医学部大学院教授のジョン・カバット・ジン博士が、仏教の瞑想についての研究を深めていました。

彼が３人めの立役者です。

カバット・ジン博士の研究と実践の大きな特徴は、仏教の伝統にベースをおきながらも、一切の宗教性を排除して、実益性を重視したことです。それは精神的な不調を抱える患者を対象とするもので、彼は瞑想を用いた「マインドフルネス・ストレス軽減法（ＭＢＳＲ）[注06]」を編み出し、実践方法の画一化を図りました。

この画一化によって統計的な調査が行いやすくなり、ますますマインドフルネスの科学的なリサーチが加速していったのです。

注05：メッタ・メディテーション（慈悲の瞑想法）とも呼ばれ、自分や大切な人、生きとし生けるものの平安や幸福を祈る瞑想。

注06：５種類の瞑想法で構成され、世界各地の病院やクリニック、瞑想センターなどで実施されている。

そうした変化を受けて、2014年の1年間だけでも、500ほどのマインドフルネス関連の学術論文が世に出ています。

科学の領域でも、マインドフルネスに対する期待と注目が高まってきているのです。

瞑想すると「幸せ」になる？

デビッドソン博士の研究で浮かび上がったのは、長時間の瞑想経験者と瞑想経験のないコントロールグループとの脳の機能を比べたとき、**幸福感と結びつく脳の部位の働きに大きな差があること**でした。

ここで重要なのは、瞑想経験者がたまたま幸せな人々だったわけではなく、瞑想経験のないグループとさまざまな条件を比べたうえで、統計的に有意な差があったということです。

人の脳のなかで前頭前野[注07]の左側の特定部位の活動が、相対的に右側の特定部位の活動より活発であるほど、幸福を感じていることがわかっています。これは**「レフト・ティルト（左への傾き）」**と呼ばれる現象です。

実験の結果、マチュー・リカールは、他の人とは比べものにならないほどの驚異的なレフト・ティルトの脳の持ち主だとわかりました。つまり、リカールは誰よりも「幸せ」を感じているはずなのです。

注07：前頭前野とは、人間の高次な思考の中心となる場所で、脳の部位のなかで成熟するのがもっとも遅いところでもある。

レフト・ティルト（左への傾き）

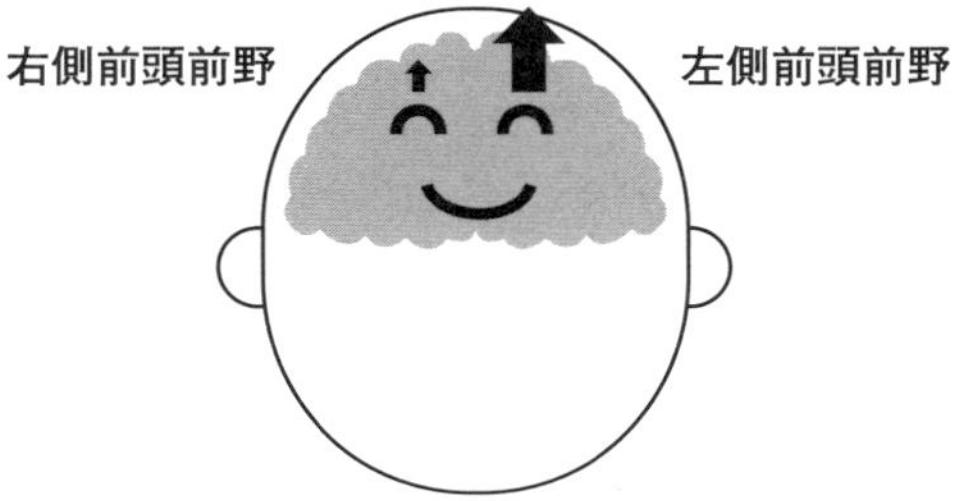

- 左側前頭前野の活動が右側前頭前野に比べ活発であるほど幸せを感じる
- 瞑想経験者ほど左側前頭前野の活動が相対的に活性化

⬇

（仮説）瞑想をすればするほど幸せになる

それ以来、彼は〝世界一幸せな男〟というニックネームで呼ばれるようになります。「幸せ」を手に入れるためには、お金、外見、人間関係、名誉、達成など、自分の外側にあるものを手に入れなくてはならないと、私たちは思いがちです。

しかし、デビッドソン博士は、さまざまな研究を重ねた結果、**「幸せとは、楽器を弾けるようになるのと同じように、訓練し、習慣化できるスキルである」**と述べています。[注08]

そして、その訓練方法として、マインドフルネス瞑想をすすめているのです。

どれだけ大きな富を手にしても、人が羨むような成功を手に入れても、自分の中からわき起こる「幸福感」を感じとることができなければ、その幸せは長続きしません。

注08：出典「ハフィントンポスト」（2015/1/23）、ダボス会議でのインタビューより。

一時的に気持ちが昂揚して終わりではなく、持続的・安定的に幸福感を得るためには、それ相応の訓練が必要です。そのスキルを開発するのが、瞑想を含むマインドフルネスの実践なのです。

リカールは、長年の瞑想経験によって脳の左側前頭前野の活動を高め、右側前頭前野の活動は沈静化させるという能力（脳力ともいえるかもしれません）を手に入れました。

自分の内側から「幸福感」を生み出し、それを感じとるスキルが誰よりも高いのです。

リカールに会った人は誰でも、並ぶもののない彼のやさしさ、その穏やかな表情、類まれなるユーモアに驚嘆して、すっかり彼に魅了されます。ＥＱ（心の知能指数）で有名なダニエル・ゴールマンは、空港で足止めを食らい、リカールとすごした3時間について、「マチューの純粋たる喜びの影響のもと、あっという間にすぎてしまった」と語っています。[注09]

自分のみならず、周囲にいる人たちをも幸せにしてしまうリカールの魅力。でも、それは誰でもマインドフルネスの実践によって開発できる脳の機能によるものなのです。

瞑想は脳の構造そのものを変える

さらにいくつかの大学で行われた研究で示唆されたのは、瞑想の実践によって、脳の機能が向上するだけではなく、脳の構造そのもの、皮質といわれる表面部分の厚みが増すということです。

注09：出典『Happiness 幸福の探求』（評言社、マチュー・リカール著、竹中ブラウン厚子翻訳）、ダニエル・ゴールマンによる序文より

瞑想により島皮質の厚みが増す

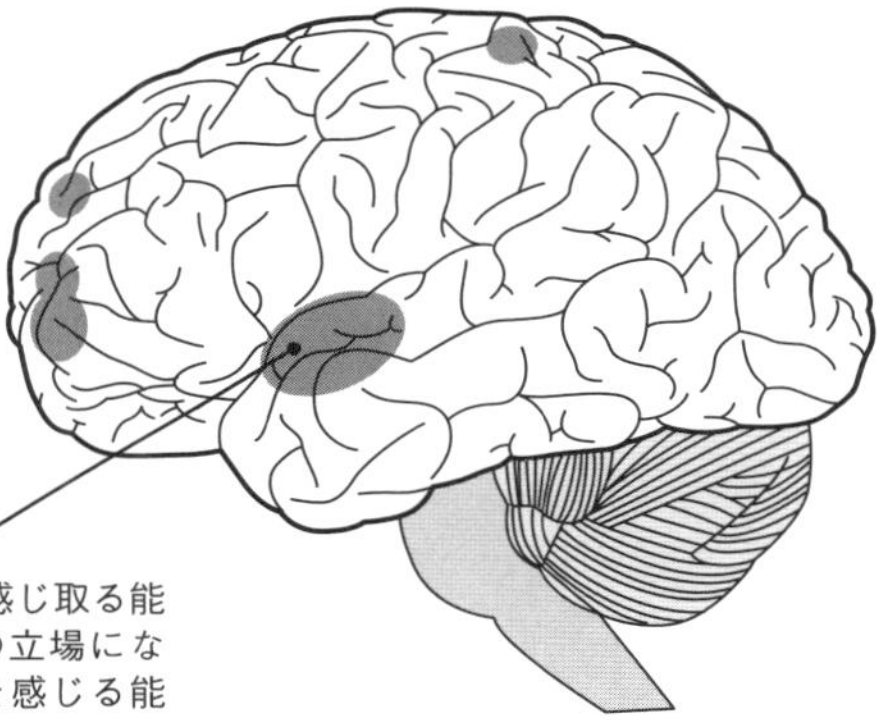
島皮質
「直感」を感じ取る能力、他人の立場になって物事を感じる能力に関わる部分

1万時間を超える瞑想経験者の脳の皮質で、特に厚みが増していると推定されたのは、こめかみの内側に入り込んだ**島皮質**《とうひしつ》という部分、そして、前頭葉の額のいちばん出っ張った部分とその上部です[注10]。

島皮質には、身体で起きた感覚をキャッチし、その信号を脳の適切な部位にリレーする機能があります。また、右前島皮質は、他者に対する共感とも関連づけられています。自分の身体に何が起きているかを素早く察知して、その時の感情を客観的に認識する能力、いわゆる**「直感」を感じ取る能力、他人の立場になって物事を感じる能力**も、この部分にかかわるとされています。

たとえば、理由はわからないがなぜか胸騒ぎを覚えて、いつもより慎重に行動した結果、大きなミスを犯すのを回避できたり、交渉の

注10：出典「Scientific American」（2014年11月号）

場で相手の真意を直感的につかんで、Win-Win の関係を構築することができたり……といったことは、島皮質が身体の感覚をしっかり認識しているから可能なのです。

また、前頭葉の額のいちばん出っ張った部分とその上部（ブロードマンエリア9と10）[注11]は、**注意力をコントロールする要《かなめ》で、自分の意識や注意をどこに向け、どうコントロールするかにかかわる部分**とされています。

現代を生きる私たちは、スマホやタブレットを常時持ち歩き、リアルでもバーチャルでも常に雑音にさらされているので、ひとつのことに集中するのが極端に難しくなっています。相当意識して雑音をシャットアウトしないと、LINEやフェイスブック、ツイッターなどの「注意力&時間泥棒」のなすがままになってしまったり、ぼんやりと収拾のつかない考え事や心配事に貴重な時間をとられたりして、注意力をうまくコントロールできません。

いまこの瞬間、自分にとっていちばん大切なことに注意を向ける。周囲に流されず、自分の意思で、そこに意識を集中する。これは意味のあることを成し遂げ、かぎりある人生を豊かに生きるための基本中の基本です。

メンタルトレーニングにおいて、前頭葉のこの部分を強化することは、最も重要な目的のひとつなのです。

注11：ブロードマンエリアとは、コルビアン・ブロードマンによる大脳新皮質の領域地図のこと。なお、ブロードマンエリア9と10とは、それぞれ「前頭前野背外側部」「前頭極」をさす。

瞑想によって、島皮質と前頭葉の額とその上部の皮質が厚みを増すらしい。現在の研究でわかっているのはここまでで、脳そのものについては未知のことだらけです。

しかし、**マインドフルネス瞑想によって、注意力のコントロールや直感、共感力が高まる**という応用面についてはデータの蓄積も進み、研究者のあいだでも、ある程度合意が得られるようになってきました。

デビッドソン博士も、さらなる研究の必要性を掲げながら、その好ましい影響について、信念をもって世に広めようとしています。脳のハードウェアさえもパワーアップし、最適化するマインドフルネスの可能性は、大きな期待が寄せられているのです。

マインドフルな脳の状態を意図的につくり出す

「怖がりで、キレやすく、疑り深い」昔ながらの脳

デビッドソン博士は、世界の経済人が集まるダボス会議の場で、**「瞑想は『やったほうがいいこ**

と』ではなく、もはや『やるべきこと』とまでいっています。

世界第一級の科学者が、そこまでいい切るのはなぜでしょうか。

まず理解していただきたいのは、第1章で述べた**VUCAワールドが私たちの脳――原始時代に合わせて設定された脳――の弱点を露呈させやすい**という現実です。変動幅が大きく（Volatility）、不確実で（Uncertainty）、複雑で（Complexity）、問題の所在すら曖昧な（Ambiguity）現代が、ストレスフルな世界だというのは、みなさんもおわかりになると思います。

問題は、変化の激しい時代を冷静にわたっていかなくてはならないのに、私たちの脳が「怖がり、キレやすく、疑り深い」オペレーションを志向しているということです。

原始時代には有効だった「怖がり、キレやすく、疑り深い」脳は、高度なテクノロジーの時代を生きる私たちには合っていません。このギャップこそ、現代人の大きなリスクとなっているのです。


たとえば、太古の歴史において人類の生存を支えてきた大脳辺縁系は、ちょうど頭蓋骨の中心部分にあります。食物連鎖の下位にある小さめの哺乳類全般で身を守るために発達した部位なので、「ネズミ脳」とも呼ばれます。

震災後に私を振り回した扁桃体は、情動をつかさどる大脳辺縁系の中枢です。

状況に応じて、即座にドーパミン（身体的動機づけ）、アドレナリン（逃走・闘争反応）、ノルアドレナリン（快楽・昂揚感）を放出する信号を送り、結果として、理性をつかさどる大脳新皮質の活動を抑制します。私たちが合理的な判断や直感、理性よりも感情を優先しがちなのは、そのためです。これがまさに、**扁桃体によって人間の理性がハイジャックされた状態**です。

また、扁桃体は情動的な経験の記憶や学習にも関連します。人間が危険な目にあったことや嫌な経験を引きずるのも、扁桃体の働きといわれています。

「扁桃体ハイジャック」の功罪

扁桃体の緊急指令が脳の他の部位の機能を凌駕して、**「扁桃体ハイジャック」**を起こすしくみを、もう少し見ていきましょう。

たとえば、3日間必死になって仕上げた新製品のプレゼンテーション資料は、上司からのメール1本でダメ出しされてやり直し。せっかく取り付けた契約は、生産が間に合わず欠品してしまい、得意先はカンカン。お詫びのために得意先に出かけようとすると、人身事故の影響で電車がストップして、アポイントの時間に間に合わない。そうこうしているあいだにも、スマホには、別件の催促メールや問い合わせメールがどんどん溜まっていく。ストレスはマックス、頭にカーッと血がのぼり、得意先の部長の怒った顔が目に浮かぶ。精神的に追い詰められ、気づけば心臓がドキドキして、頭はちっとも回らない。

扁桃体が必要以上にがんばってしまうのはこんな時です。

上司のダメ出しメールも、生産の遅れも、怒っている得意先も、じつはそれ自体は命にかかわることではありません。

しかし、脳のほうでは「ヤバイ！」という感覚とともに、洞窟でクマの急襲を受けた原始人と同じ反応が自動的に作動してしまうのです。

情動や衝動を起こす扁桃体と大脳辺縁系は、「好きか嫌いか」「怖いか怖くないか」という大雑把な分類しかできていないにもかかわらず、**理性が働く前に過剰反応してしまう**のです。瞬発的に電気的なシグナルを送って新皮質（理性）を抑制し、アドレナリンなどのホルモンを分泌させて筋肉への血流を促進する。すぐに逃げたり、戦えるようにするためです。


21世紀に生きる私たちにも、シリアスな問題はたくさんあります。

しかし、祖先が日々直面していた生死にかかわる恐怖体験とは根本的に異なります。

ところが、**アップデートされていない脳は、サバイバルのために同じ働きをしてしまう**のです。

この点は、繰り返し強調しておきます。

仕事のトラブルや感情的なもつれを、あたかも命にかかわる一大事のように受け止めて、自分を追い詰めてしまう。その結果、本来の能力が発揮できず、よい仕事ができない、家庭や仕事での人間関係が損なわれる、ひいては、心身まで病んでしまう。

充実した幸せな人生を送るためには、脳がもつこうしたリスクをよく理解し、それをうまく回避する必要があるのです。

脳の自動反応は乗り越えられる？

理性よりも一歩先に発動してしまう扁桃体。

どうすれば、危機的な状況や感情的な場面で自分本来の力を発揮できるようになるのでしょうか。


感情を抑え込む？　違います。

とりあえず相手を立てて争いを回避する？　これも違います。

自分の主張を守るための理論武装をする？　これも違います。


１万時間を超える瞑想実践者になると、女性の凄まじい叫び声のような恐怖を煽《あお》る刺激を与えても、未経験者よりも、扁桃体の反応が少ないことがわかっています。

でも、一般の人が扁桃体の反応自体を制御することはまず無理です。

一方、扁桃体から生じた情動自体を起こらないようにすることはできなくても、いったん起こった情動に対して、よりよい対処をすることで、ストレスや衝動をコントロールすることはできます。

コントロールできていない状態とできている状態を、段階的に整理してみます。

ここで重要なポイントはふたつあります。

ひとつめは、私たちが「情動」や「感情」だと思っていることは、じつは、③で起きる身体的な反応であるいうことです。いいかえると、「情動」「感情」というのは身体的な経験でもあるのです。

ふたつめは、②から⑤にかけてのアドレナリンやストレスホルモンの直接の効果は短時間で終わるということです。これは脳科学者ジル・ボルト・テイラーの名著『奇跡の脳』（竹内薫翻訳、新潮文庫、２０１２年）で「90秒ルール」として紹介されています。その部分を引用してみましょう。

自発的に引き起こされる（感情を司る）大脳辺縁系のプログラムが存在しますが、このプログラムの一つが誘発されて、化学内物質が体内に満ちわたり、そして血流からその物質の痕跡が消えるまで、すべてが90秒以内に終わります。

たとえば怒りの反応は、自発的に誘発されるプログラム。ひとたび怒りが誘発されると、脳から放出された化学物質がからだに満ち、生理的な反応が引き起こされます。最初の誘発から90秒以内に、怒りの化学的な成分は血液中からなくなり、自動的な反応は終わります。もし90秒が過ぎてもまだ怒りが続いているとしたら、それはその回路が機能し続けるように私が選択をしたからです。

扁桃体ハイジャックのメカニズム

① 外で起こっている状況と過去のストレス体験を比べ、大脳辺縁系で「快・不快」、「安全・危険」といった状況を同定

⬇

② 扁桃体からストレスホルモンとアドレナリンの分泌を発令

⬇

③ ホルモンの働きで身体に特定の変化

※表情筋が刺激される、血圧が上がる、心臓の鼓動が速くなる、呼吸が変化する、肩や首の筋肉に力が入る一方で末端が脱力する、など

⬇

④ 大脳新皮質へ扁桃体から省エネモードになるよう電気的刺激が送られ、機能低下が起こり、大雑把な状況把握しかできなくなる

⬇

⑤ 逃走・闘争・硬直など、衝動的で柔軟性に欠ける行動パターンに陥る

扁桃体ハイジャックを避ける方法

「情動は身体的な反応」と「90秒ルール」というふたつのポイントに着目すれば、**自動反応の90秒が終わるまでに、すみやかに冷静さと本来の理性を取り戻せる**ようになります。

それにはまず、③の身体に起こる反応を感知するセンサーを鍛え、無意識に起きる身体の反応をあえて意識する（自分に認知させる）のが有効です。身体の反応を認知することで、ブロックされていた大脳新皮質の機能（人間ならではの理性的な働き）が復活し、状況を的確に理解できるようになります。

その結果、その状況に適した柔軟な行動を選択できるようになるのです。

自動的・無意識的な身体の反応を、意識的に認知する時は、脳の島皮質の働きがカギとなります。島皮質は、身体に起きた微妙な変化を精密なセンサーのようにキャッチし、その情報を前頭葉へリレーして、適切な判断を行うからです。

扁桃体ハイジャックの自動プログラムを、この**新たな意識的プログラムにアップデート**すると、先ほどの①〜⑤は、次のように変化します。

島皮質を使うことで、情動反応を、原始的な「生死にかかわる脅威に対する反応」ではなく、現

新たなプログラムにアップデートする

① 外で起こっている状況と過去のストレス体験を比べ、大脳辺縁系で「快・不快」、「安全・危険」といった状況を同定（前と同じ）

⬇

② 扁桃体からストレスホルモンとアドレナリンの分泌を発令（前と同じ）

⬇

③ ホルモンの働きで身体に特定の変化
※表情筋が刺激される、血圧が上がる、心臓の鼓動が速くなる、呼吸が変化する、肩や首の筋肉に力が入る一方で末端が脱力する、など（前と同じ）

⬇

④ **③で起きた変化に意識を向け、身体に具体的に何が起こっているかを認知する**
※島皮質の活性化

⬇

⑤ **扁桃体から大脳新皮質へ送られる電気的刺激が「省エネモード」から「通常モード」へ復活。理性的な状況把握が可能になる**

⬇

⑥ **状況とゴールに合わせた合理的な行動を選択**

代にマッチした「身体に起きている生理現象」として認知できるようにするのです。

結果として、ストレスも軽減され、前頭葉もすみやかに機能を取り戻し、よりよい選択・行動をとることができるでしょう。

マインドフルネスが脳を進化させる

一瞬にして起きる情動の身体的反応をキャッチできるように、島皮質の機能を高めるには、どうすればよいのでしょうか。

そこで威力を発揮するのが、マインドフルネス瞑想です。

マインドフルネス瞑想によって、島皮質と前頭前野（特にブロードマンエリア9と10）の機能が高まり、構造的な厚みも増すというのは既に述べましたが、それにより、ストレスや衝動を引き起こす状況でも、すみやかに冷静さを取り戻し、最適な選択をする効果が期待されています。

さらに、マチュー・リカールの研究で明らかになった瞑想と幸福感との関係も、私たち現代人を「怖がりで、キレやすく、疑り深い」原始人の脳から卒業させてくれる可能性を示しています。

マインドフルネスは、次なる脳の進化の扉を開けると期待されています。

脳には未知の部分が多いのですが、現時点で包括的にマインドフルネスの脳への影響について述べた学術論文から、まとめの図を紹介しましょう（116ページ参照）。

ハーバード大学のサラ・ラザールらによって2011年に発表された、メタ分析（複数の学術論文を分析したもの）です。

図からうかがえるのは、現代の日本企業で特にニーズの高まっている事業の**イノベーション**や、個人・組織の**レジリエンス（回復力）**を高めるための要素もふんだんにあるということです。

たとえば、前頭前野が担っている物事に対する注意力や、ふたつの異なる概念（たとえば、コスト削減と品質向上）の保持能力は、現在の複雑なビジネス環境では非常に重要な能力基盤です。また、大脳基底核が中心とされる直感力も欠かせないものでしょう。

これらを鍛えることによって、**理屈では説明のできない本質をつかみ、ビジネスのイノベーションにつなげる**――そんなことも期待できるのです。

また、島皮質では、湧き起こった一時的な情動を、これまでの経験とつなげて、感情を統合する機能があります。こうした能力を高めることや、ＰＦＣ（前頭前皮質）がつかさどる自己統制力や努力の持続は、**リーダーとしての胆力とレジリエンスの礎《いしずえ》**となるでしょう。

グーグルで開発され、ビジネスピープル向けのリーダーシップ研修プログラムとして最も注目されているＳＩＹは、**「脳のＯＳを最適化する」**と表現していますが、それも、この図を見るとうなずけます。

マインドフルネスで開発される脳の部位

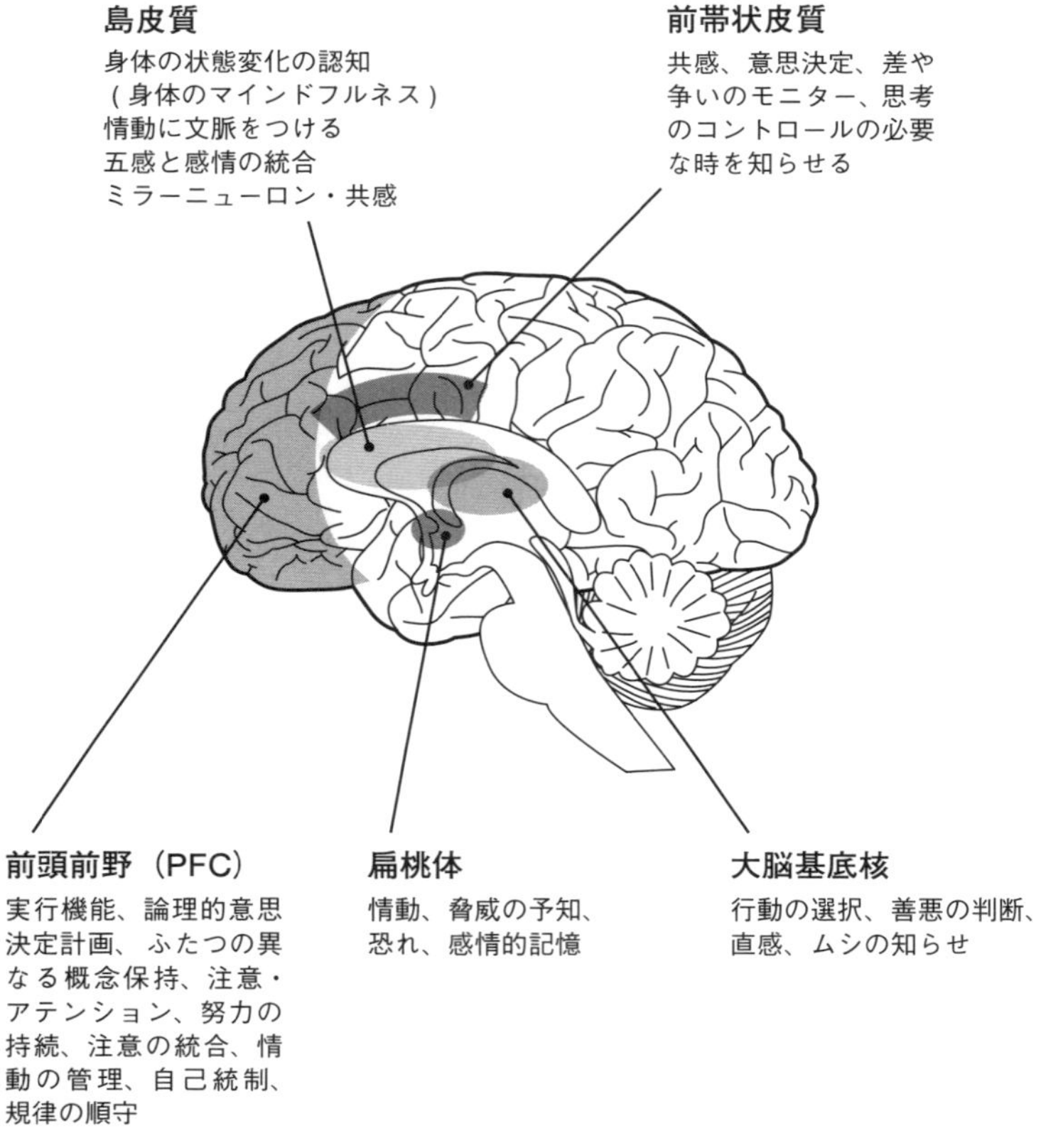

出典:"How does mindfulness meditation work?" 2011、Britta K. Holzel, Sara Lazar らによるメタ分析

マインドフルネスに関わる脳機能

メカニズム	関連する脳の部位	マインドフルネスでどうなるか
注意力の制御	前帯状皮質	注意を維持し、逸れても戻せる
身体的な認識力	島皮質、側頭頭長接合部	内的な体感覚（呼吸、感情、体温他）を認識
情動の制御	上部前頭前野、扁桃体、海馬、下内部前頭皮質	状況をポジティブに受け止める、衝動に支配されにくい
自己認識	中部前頭前野、後帯状皮質、島皮質、側頭頭長接合部	柔軟な自己認識、相手の立場で見られる

出典："How does mindfulness meditation work?" 2011、Britta K. Holzel, Sara Lazar らによるメタ分析

かつてピーター・ドラッカーは**「21世紀のリーダーに最も必要なのは自己管理能力である」**と語り、インターネット新聞としていまや米国ではアナログの主要紙を凌駕する勢いのハフィントンポストは、**「アテンション（注意力）を制する者が21世紀に生き残る」**と書いています。

この人類が迎えている大転換期の時代に、私たちがそれぞれの能力を発揮し、良質な関係性を構築していくために、マインドフルネスの理解と実践は大きな役割を担うのではないでしょうか。

第3章

世界のトップエリートが実践するマインドフルネストレーニング

Mindfulness

マインドフルネストレーニングは心の筋トレ

アテンション（注意力）をコントロールする

第3章は、いよいよ実践編です。

ここから、マインドフルな状態を獲得するためのトレーニング方法――特にマインドフルネス瞑想――について、お伝えしていきます。

35年以上にわたって、マインドフルネスを科学的に研究し、精神医療の分野で成果を積み上げてきたジョン・カバット・ジン博士の定義を引用すると、マインドフルな状態とは、**「意図的に、いまこの瞬間に、評価や判断とは無縁の形で注意を払うことから、浮かんでくる意識」**です。

この定義に出てくる「注意（力）」を高めることで、マインドフルな状態をつくり出すプロセスが、マインドフルネストレーニングの基本です。マインドフルネス瞑想を「アテンション（注意

心の筋トレ＝アテンション（注意力）トレーニング

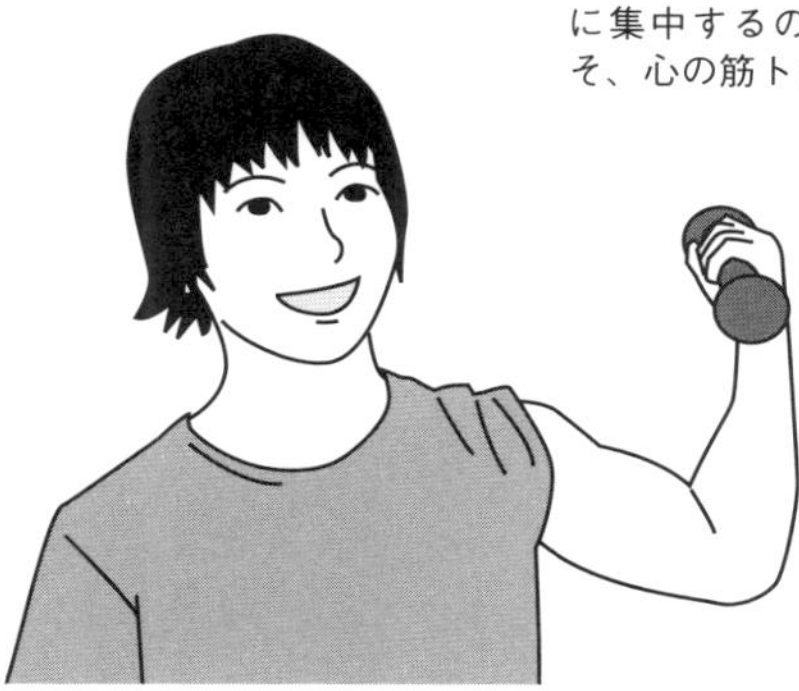
呼吸という自律神経による行為に集中するのは難しいからこそ、心の筋トレとなる

力）トレーニング」と呼ぶことがあるのは、そのためです。

カバット・ジン博士は、マインドフルネス瞑想について、いつも同じポーズをとって説明しています。

左手でダンベルを持ち、上腕二頭筋を鍛えるトレーニングのポーズです。図を見ながら、カバット・ジン博士の解説に耳を傾けてみましょう。

「マインドフルネスのトレーニングもこれ（ダンベルの筋トレ）と一緒なんだ」

「（左腕を）伸ばしている状態は、注意がそれている、もしくは、雑念がわいている時、そして、（左腕を）戻す行為は、呼吸に注意を戻すことと一緒」

「（左腕を伸ばして）注意がそれて、（左腕を戻して）注意を戻す。注意がそれて、戻して、それて、戻して、この繰り返しなんだ」

「この動作を繰り返して、（上腕二頭筋を指差して）ここが鍛えられる」
「（上腕二頭筋を指差しながら）ここは何かというと、自分自身の注意力だ」
「身体の筋力を鍛えるのと同じように、心の筋力を鍛えていくこと。これが注意力を養うことであり、マインドフルネスの状態を身につけていくことなんだ」

これは単なるたとえ話ではありません。

ダンベルを何度も上げ下げして上腕二頭筋が鍛えられ、筋肉そのものが大きくなっていくのと同様に、注意力という心の筋力も何度も訓練することで鍛えられ、脳の部位が活性化して物理的に厚みを増していきます——というのは、２章でご紹介したとおりです。

訓練によってモンキーマインドを克服する

私たちは意識していないと、あちらこちらが気になったりと、注意力が散漫になりがちです。これを**「モンキーマインド」**と呼びます。サルは、自分の周囲にある物体や動いているものにすぐに注意が移ってしまい、**ひとつのことに注意し続けるのが苦手**だからです。

人間の子どもを観察していると、サルと同じような様子が見てとれます。

テーブルで目の前のごはんを一生懸命食べていたと思ったら、視界に入ったテレビの映像に心を奪われて、手が動かなくなってしまう。そのうち、食事中だということも忘れて、遊びはじめる。ひとつのおもちゃに夢中になっていたと思うと、次の瞬間には、別のおもちゃに興味が移って、そっちでひとしきり遊ぶ――。

とはいえ、大人も似たようなものです。

特に仕事や趣味を離れたすき間時間にはその傾向が強いようです。

たとえば、通勤電車でつり革につかまっている自分を想像してみてください。目の前の座っている人に視線を向けてみたかと思うと、次の瞬間には、外の景色をぼんやりと眺めている。また、いつの間にか、視線は社内の中吊り広告の文字を追っていて、そうかと思うと、今日の午前中のミーティングで自分が発表する内容を考えている……。

モンキーマインドが問題なのは、**注意力が散漫だと、ひとつのことを成し遂げることができない**からです。

ひとつのことに意識を集中する。それによって、私たちはより大きな成果を手にすることができるのです。

そして、それを可能にする心の筋力を鍛えるためのトレーニングがマインドフルネス瞑想です。

マインドフルネス瞑想の4つのプロセス

呼吸を意識して、何度も呼吸に注意を向け直す

マインドフルネス瞑想は、次の４つのプロセスから成り立っています。

これから、マインドフルネス瞑想の一連のプロセスを解説します。実際にトレーニングする時の手順はあとで紹介するので、ここでは、瞑想中に何をしているかを、みなさんに追体験していただきましょう。

［プロセス①］呼吸に注意を向ける

最初のプロセスは**「呼吸に注意を向ける」**です。

イスに浅く腰掛け、自分にとって心地よい姿勢をとります。姿勢が定まったら、目は軽く閉じて

マインドフルネス瞑想のプロセス

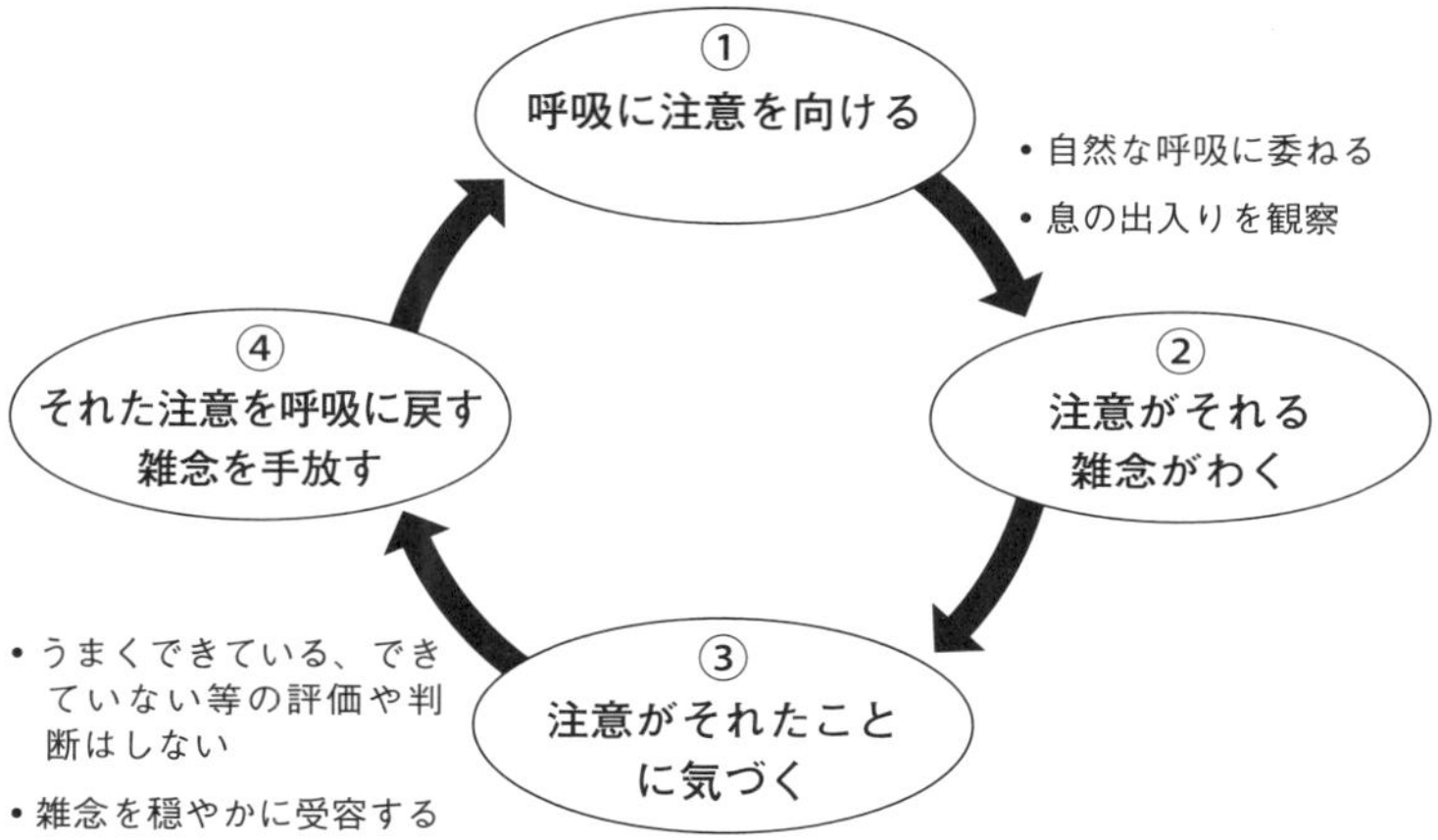
①
呼吸に注意を向ける
・自然な呼吸に委ねる
・息の出入りを観察
②
注意がそれる
雑念がわく
③
注意がそれたこと
に気づく
・うまくできている、できていない等の評価や判断はしない
・雑念を穏やかに受容する
④
それた注意を呼吸に戻す
雑念を手放す

心持ち1センチほど顎を引きます。目を閉じるのに抵抗があれば、半眼の状態で視線を落とします。

続いて、いま、鼻から息を吸ったり吐いたりして自然に行っている呼吸に注意を向けます。それが行われるままにまかせながら、ゆったりと続いている息の出入りを観察していきます。動くものが視界に入ると、注意をそがれてしまうので、慣れないうちは、目を軽く閉じたほうがいいかもしれません。

ここで大事なことは、**「上手に呼吸しよう」などと思わない**ことです。

もともと呼吸は（自分の意思ではコントロールできない）自律神経がつかさどっているので、放っておいても勝手に息を吸ったり吐いたりしています。きわめて優秀な自動操縦システムで動いていますから、無理に呼吸しようとするのではなく、その見事なメカニズムを、ただ好奇心をもって体感していればよいのです。

鼻から空気が入り、鼻から空気が出ていきます。その様子を、鼻先かお腹、または自分が呼吸を感じやすいと思う場所で感じてみましょう。身体全体で感じたい人は、それでもかまいません。呼吸が早くなったり、遅くなったり、深い時もあれば、浅い時もある、その瞬間ごとの経験を楽しんでみてください。

吸う息と吐く息の間には、一瞬の「間《ま》」があります。この「間」にも注意を向けます。あとで述べるように、注意がそれたことに気づいた時は、このわずかな「間」を意識し直すのもひとつのリカバリー法です。

息を吸っている時は「いま息を吸っている」、吐いている時は「いま息を吐いている」と心の中で唱えていく方法もあります。人によっては、吸う息と吐く息を合わせて1回として、「0、1、2、3……、9、10」と10まで数え、そこから「9、8、7……、2、1、0」と戻っていく、これを心の中で繰り返す方法を取る人もいます。数えている最中にカウントがわからなくなったら、0に戻ってやり直します。

どちらも仏教の伝統に根ざした方法ですが、ここでは深く触れません。

こうしたやり方を、日によって変えたりしながら、自分に合った方法を見つけてください。

少し慣れてきたら、呼吸の観察とともに**身体全体の感覚（皮膚の表面や内部）、わきあがってくる思考や感情**も観察してみましょう。

これは次に述べる「注意がそれる」にも関係します。

［プロセス②］注意がそれる

次のプロセスは「注意がそれる」です。

これは、意識して注意をそらすということではなく、**呼吸に注意を向けているつもりでも、いつの間にか、注意がそれて雑念がわいてくる**という意味です。

どんなに呼吸に意識を集中しているつもりでも、数分もすれば、いつの間にか、ぼんやりとした思いや考えが頭の中にわいてきて、そちらに注意を奪われた状態になります。そして、そのことに気づきもしないで、勝手に、思考が思考を生んで数珠つなぎのようになっていきます。

私たちにとって、ひとつのことに注意を向け続けるという行為は、それくらい難しいのです。


しかし、上手に注意を向けられないからといって、悩むことはありません。

マインドフルネス瞑想の第一の目的は、**注意がそれても、そのたびに気づいて、注意を戻す**ところにあるからです。これこそ、まさに私たちがマインドフルネス瞑想を「アテンショントレーニング」と呼ぶ理由です。

つまり、この**トレーニングの目的は、意識が散漫になりやすい日常生活や仕事の中で、常に大事なところに意識を戻すこと**なのです。

つい注意がそれてしまう状態は、平たくいえば、「雑念」がわいている状態です。

プレゼン資料の文面を考えたり、午前中のミーティングの会話を振り返ったり、頭の中にいろいろな考えが浮かんでは消え、また違った考えが浮かんでは消えていきます。

終えたはずの仕事が心の中ではまだ完結していなくて、上司から何か指摘されるのではないかという不安が頭をもたげたり、進捗が気になっている部下から報告がないことにイライラしたり。あるいは、呼吸に注意を向けているつもりが、そういえば肩が凝っているな、最近疲れが溜まっているなといった思いにとらわれたり、同じ姿勢をとり続けることに苦痛を感じたり、身体の他の部分が気になったりするのも、雑念がわいた状態です。

こうして並べてみると、私たちがいかに雑念に囲まれて生きているかがわかります。

いちばん恐ろしいのは、**それが雑念であると気づかず、雑念が雑念を生んで、頭の中が雑念だらけになってしまう**ことです。そんな状態で、大事な仕事に取りくんでいるとしたら、ミスも起きやすく、望んだ成果も得られないでしょう。

だからこそ、忙しいビジネスピープルにとって、とりわけプライベートで友人と会う日程を確保することさえ難しいエグゼクティブにとっては、ひとつのことに注意を向けるマインドフルネスの獲得が必要なのです。

[プロセス③] 注意がそれたことに気づく

呼吸に注意を向けていたはずなのに、いつの間にか雑念がわいて、別のことを考えていた――この時、**注意がそれたことに気づく**ことが大切です。

気づけば、もとに戻すことができるからです。

ただ、雑念がわいている状態に気づいたけれども、その雑念を追い払おうとすればするほど、かえってそのことに意識がもっていかれてしまう、というケースもあるでしょう。そんな時はどうすればいいのでしょうか。

たとえば「取引先の担当者と意見が対立して少し気まずい空気になった」ことを、瞑想中に思い出したとしましょう。大事な仕事の場面ですから、気になるのは当然です。

この時、呼吸に注意を戻していくための心がけは、次のとおりです。

- 雑念がわいた自分を責めない、評価しない、判断を加えない
- ただその状態を受けとめ、好奇心をもって観察する

ここが実践してみないとわかりにくいところで、文字だけを見ると、「評価しない」ことと「好奇心をもって観察する」ことに矛盾を感じる人が多いかもしれません。

そこで、まずは次のように単純に考えてみてください。

- 雑念がわくのは人間の習性上、当たり前のことで、けっして悪いことではない
- でも私はいま、マインドフルネスを実践する意図をもってここにいるのだから、あえて解釈したり、意味づけしたりしないで、浮かんだ雑念をいったん脇においておこう

少し表現が難しいのですが、ここで「観察する」対象は、自分自身ではなく、「たったいま経験している雑念がわいた状態」です。

注意力が不十分だと、浮かんできた雑念も自分の「ぼんやりした状態」のなかに入っていきます。しかし、ここで注意力を高めていくと、浮かんできた雑念を、いまは不必要なものとして区別できるのです。

[プロセス④]それた注意を呼吸に戻す

こうして「雑念という経験と自分を切り離す」ことで、次々と浮かんでくる思考や感情に振り回

されることが少なくなってきます。そうしてできたスペースが、うっかり雑念に埋没する以外の意図的な選択肢を示すのです。

この時、脳内でものすごいスピードで情報処理が行われています。それをスローモーションにして言語化すると、次のような感じになります。

「このまま雑念を観察してもいいけれど、他のことに注意を向けるという選択もあるな。そうだ、いま自分は、呼吸に注意を向けるトレーニングの最中だったな。それなら、注意を呼吸に戻すという選択もできるはずだ。いまの自分はどちらも選択できるけれど、トレーニングの最中だったことを思い出したので、呼吸に注意を戻していこう」

この**「どちらも選択できるけれども、こちらを選択する」**という部分が、それまでの行為（雑念にとらわれていた）を穏やかに手放していける状態をつくり出しています。

客観的に観察することで、頭と心に余白をつくり、選択肢があることに気づく。これによって、いままでとらわれていた雑念を穏やかに手放し、ゆったりと余裕をもって、呼吸に注意を戻していくことができるのです。

マインドフルネス瞑想の実施の手順

［ステップ①］瞑想の目的を確認する

いよいよ具体的な手順に入っていきます。

マインドフルネス瞑想をはじめる前に、まず、トレーニングの目的を確認しておきましょう。あなたはなぜマインドフルネス瞑想をしたいと思ったのですか？

- ストレスを減らしたい
- 心の平穏を取り戻したい
- 自分の頭の中を整理したい
- リラックスして明日の活力を得たい

目的は人それぞれです。しかし、目的がないと、長続きがしません。

スポーツでも、ダイエットでも、資格や語学の勉強でも、目的意識の有無や強弱が結果を大きく左右することは、みなさんも経験的にわかるはずです。

瞑想の効果が脳科学的に証明されているからといって、ただ漫然と行うだけでは、思ったような効果は得られないのです。瞑想に入る前に、毎回トレーニングの目的を意識し直すとより効果的でしょう。

このように説明すると、仏教や禅などを学んだ人から、「意図や目的をもって実践するのは、間違っているのではないか？」と質問を受けることがあります。

たしかに禅の世界では、特定の目的のために坐禅を組むことはよろしくないと教わることがあります。特に曹洞宗《そうとうしゅう》においては「只管打坐《しかんたざ》」といい、「ただただ坐ること＝坐禅を組むこと」だけに集中するのが基本とされます。

しかしながら、本書で紹介するマインドフルネスは、みなさんが日常生活やビジネスシーンでよりよいパフォーマンスやリーダーシップを発揮する、また、自分自身の心身の健康を獲得するといった目的をかなえるための原理原則であり、トレーニング方法と位置づけています。

そこで、伝統的な考え方との深い部分でのつながりはいったん脇において、本書では、あくまでマインドフルネス瞑想にはじめて触れる方、これから本格的にチャレンジしたいと思っている方のために、日常でカジュアルに実践できるものとして瞑想法を紹介します。

［ステップ②］イスに座り、自分にとって心地よい姿勢をとる

瞑想というと、床に座って座禅を組むイメージがあるかもしれませんが、マインドフルネス瞑想の座り方に厳密な決まりはありません。伝統的な宗教では姿勢にも厳しい規則がありますが、ここでは、家庭や職場でも取りくみやすいように、イスを使ったやり方をご紹介しましょう。

まずはイスに腰を下ろします。

ここで、背もたれにもたれかかったり、前かがみにならないように気をつけてください。身体が最も安定する姿勢を探します。左右の坐骨がしっかりとバランスよく、上体を支えているかを探ります。上半身を前後左右に動かして、その時のコンディションで、いちばん無理なく心地よく座れるポジションを見つけましょう。

その坐骨が重力に引っ張られているのを感じます。同時に、イスの座面によって支えられているのを感じましょう。重力がまっすぐかかっていれば、必然的に上に伸びる力も働きます。坐骨の上には骨盤があり、さらに背骨へと続くラインが伸びてきます。ピンと背筋を〝伸ばす〟のではなく、〝自ずと伸びてくる〟感覚を大切にしてください。

マインドフル瞑想の正しい座り方

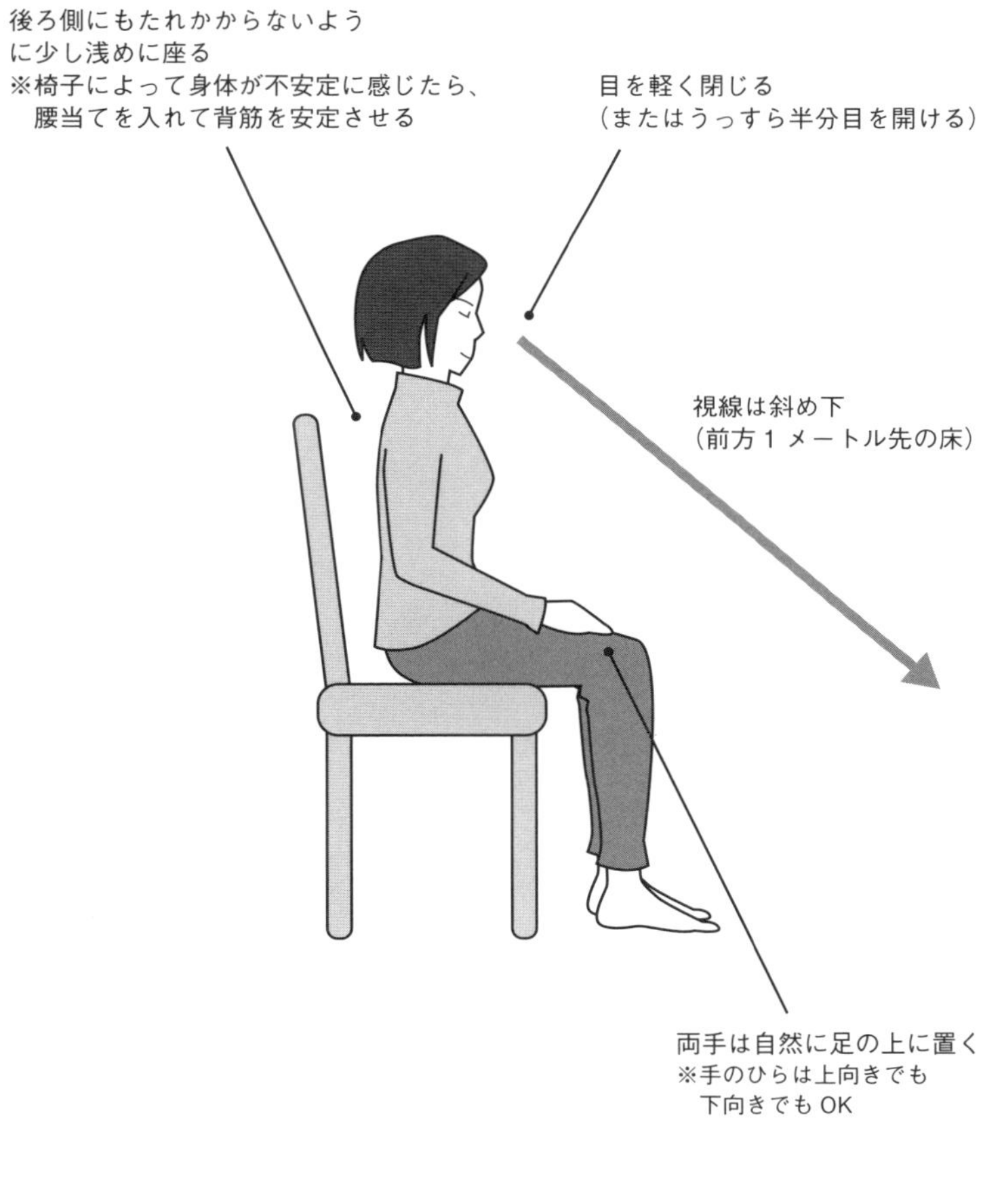

両手はいったん身体の両脇にダラリと下ろしてみましょう。私たちはたいてい前かがみ気味の姿勢で仕事をしているので、意図的に身体の真横に腕を伸ばすと、胸が開いている感じがするはずです。この開いた状態が閉じないように、両ひじを身体の両脇に置いたまま、両手を両ひざに乗せてみましょう。

これで深い呼吸を自然に行う姿勢ができました。

[ステップ③]ゆっくり目を閉じる

自分にとって心地よい姿勢がとれたら、ゆっくりと目を閉じていきます。目は軽く閉じてもいいですし、うっすらと半分目を開けたままでもかまいません。

視線は斜め下、自分の前方1メートル先の床を見るようにします。

[ステップ④]まずは10分間、瞑想する(4つのプロセスを繰り返す)

先ほど紹介した4つのプロセス[注01]（**①呼吸に注意を向ける→②注意がそれる→③注意がそれたことに気づく→④それた注意を呼吸に戻す**）にそって、まずは10分くらいを目安に、瞑想を続けます。

はじめて取りくむ人は、それまで意識していなかった呼吸の存在に気づいて、少しビックリする

注01：３章125ページ参照。

かもしれません。自然に続いている息の流れに身を委ね、ただその精緻な一瞬一瞬の様子を観察していればＯＫです。

しばらくすると、呼吸から注意がそれていきます。

そして、「呼吸から注意がそれている状態＝雑念がわいた状態」にも、しっかりと気づいていきます。

自分の頭や心の中、または、身体に対して、雑念がわいているようでしたら、その状態を客観的に観察します。**無理に雑念を追い払うのではなく、まずは、その状態にしっかりと気づき、泣きはじめた赤ん坊をあやすようにやさしく受けとめて、そっと呼吸に注意を戻していきます。**

[ステップ⑤]最後に３回深呼吸

瞑想を終える時は、自分なりのペースで深呼吸を３回繰り返しましょう。

深呼吸する時はしっかり意識して、大きく深く呼吸してください。それを終えたら、目を閉じている人は、静かにゆっくりと目を開け、光を取り込んでいきます。

なお、このステップは初心者がトレーニングにメリハリをつけるために加えているので、自分の判断で省略してもかまいません。

［ステップ⑥］振り返り

マインドフルネス瞑想を終えたら少し時間を取り、どんな経験だったか、振り返っておきます。次のようなことを紙に書き出してみるといいでしょう。

- どんな意図をもってのぞんだのか
- どんな経験だったか
- はじめる前と終わってからの違いは何か

振り返るのは、自己評価するためではなく、その時々の気づきを得るためです。日によっては、とてもスムーズにできたと感じることもあるでしょうし、あるいは、すぐに気が散ってしまうこともあるでしょう。そうした日々の違いについても、評価や判断をせずに気づいていくのです。

この振り返りが、1章で述べたリーダーシップの基盤としてのセルフ・アウェアネス[注02]、つまり、自己認識力を高めていくことにもつながります。

注02：self-awareness（自己認知、自己認識）のこと。詳しくは1章59ページ参照。

マインドフルネストレーニング実践のヒント

姿勢は「緩すぎず、硬すぎず」が基本

マインドフルネス瞑想の手順については先ほど述べたとおりですが、実施する際の注意点をいくつか補足しておきましょう。

まず、瞑想する際の姿勢についてです。

前述したように、坐禅や伝統的な瞑想法では、身体をどのような姿勢に保つのか、細かく定められています。たとえば、曹洞宗の坐禅では、身体の姿勢やポジションについて、実に細かなルールが定められていて、開祖・道元が書き記した『普勧坐禅儀』には、口の中で舌をどうするべきかまで記述されています。

こうした決まりは、長時間坐禅・瞑想を行うために適した姿勢がどういうものか、長年の経験によって培われてきたものですから、それを否定するものではありません。しかし、そうした「正し

い姿勢」に至るまでには、長期間にわたる「修行」が必要になってきます。ヨガのポーズのことを漢字で「坐法」と書きますが、あの独特なポーズも長い時間瞑想をするための準備運動とされているくらいで、「正しい姿勢」は一朝一夕で身につくものではありません。

しかし、「正しい姿勢」にこだわりすぎると、一般の人々にとっては、瞑想の敷居が高くなってしまいます。

そこで、私たちが推奨しているのは、**姿勢は「緩すぎず、硬すぎず」を基本とする**という、とてもシンプルな原則です。

ですから、実際に瞑想する時は、床に座っても、イスに座っても、あるいは立ったままでもよいのです。

重要なのは、**身体と心が適度にリラックスしている**こと。慣れていないのに坐禅のように無理に足を組んだり、姿勢を正しく保たなくては、と背筋や腕、肩をこわばらせる必要はありません。

逆に、リラックスしすぎて眠くなったり、ボーッとしてしまっては、意識を集中するのが難しくなります。適度に緊張感を保ちながら、頭も心も身体もきちんと覚醒した状態を維持するように心がけます。

「緩すぎず、硬すぎず」の適度な具合は、頭で考えるより、毎日実践しながら、自分に合ったバランスを見つけていきましょう。

瞑想を行っている最中に、猛烈な眠気に襲われた、あるいは本当に寝てしまったという場合、姿勢が緩すぎる可能性があります。背筋が丸まって肩が縮まり、前かがみになってしまうと、呼吸が浅くなり、眠気が襲ってきます。

そんな時は、意識的に背筋を伸ばし、両肩を後ろに少し引いてみてください。胸が広がり、肺にたくさん息が吸い込めるようになります。呼吸によって酸素が多く取り込まれるので、頭も活性化しやすくなります。

また、瞑想中に肩が凝ったり、背筋や足腰が痛くなったりすることがあります。その場合は、身体に過度な力が入っていてこわばっている、もしくは、無理な姿勢をとっている可能性があります。必要以上に無理な姿勢になっていないか、無理に力が入っているところがないかを確認し、息を吐きながら、ゆっくり力を解放してあげましょう。

その日の体調や気分によって、自分にとって心地よい姿勢は変わります。

ですから、その日の自分の身体の様子を観察し、それに合わせて「緩すぎず、硬すぎず」の姿勢をとるように調整してください。

身体を整え、息を整え、心を整える

マインドフルネス瞑想においては、伝統的な作法としての「正しい姿勢」を無理にとる必要はないのですが、身体の姿勢の保ち方として重要な教えが日本の禅にあるのでご紹介します。それは**「調身調息調心《ちょうしんちょうそくちょうしん》」**という言葉で、**「身体を調えると息が調う、息を調えると心が調う」**という意味です。

自分の身体に意識を向け、心地よい姿勢を保とうとすれば、無理なく呼吸ができるようになり、そのことで心も落ち着き、安定した精神状態が保たれる。姿勢に気を配り、呼吸に注意を向ければ、心の平穏もついてくる。この一連の流れが、すべて注意力を高めるトレーニングになるのです。

なかなか呼吸が落ち着かない、不自然なリズムが続いている時は、どこか姿勢に無理がある可能性があります。肩に力が入っていないか、背筋が丸まっていないかを確認し、手や足の位置を直してみたり、伸びをしたりして、もう一度身体を整え直すと、呼吸が整い、楽になります。

なかなか気分が乗らない、集中できない時は、呼吸が整っていない可能性があります。無理のない範囲でゆっくりと息を吸い、ゆっくりと息を吐き出します。頭で呼吸をコントロールしよう、上手に呼吸しようとせず、身体に委ねていくイメージです。そうすると徐々に心も落ち着き、自然と呼吸に注意が向いて、心の集中も高まっていきます。

「調身調息調心」は、日本人の私たちには直感的にわかりやすく、また覚えやすい言葉です。**「身体→呼吸→心」の順番に整える**ことを意識しながら、ぜひ、日々の実践に取り入れてみてください。

心が整うと、表情も整う

グーグルでもマインドフルネスを指導したベトナムの禅僧、ティク・ナット・ハン老師が１９８０年代に来日した際の招聘メンバーでもあった中野民夫さん注03は、当社のセミナーにゲスト参加したあと、次のようなコメントを残してくれました。

「調身調息調心で心が整うと、その後どうなると思います？　ある禅僧は『顔が整う』といっていました。たしかに表情が柔和になり微笑が浮かびますから、調顔《ちょうがん》ですね」

何気なくいただいたアドバイスに見えて、この言葉には、深い意味が隠されています。

「目は口ほどに物をいう」「表情が曇る」など、表情と心のつながりを表現する日本語がたくさんあるように、心と顔の動きはつながっています。心が整ってくると、それにしたがって、顔の表情も落ち着いてくるのです。

マインドフルネス瞑想を指導していると、表情が硬かったり、眉間にしわが寄ったままだったり、見るからに緊張した表情をしている方がいます。表情の硬さは、かたくなな心を表します。これで

注03：ワークショップ企画プロデューサー。専門は至福の追求と社会変革、ワークショップ、ファシリテーション。

は、マインドフルな状態に到達するのは難しいでしょう。

別の見方をすると、**心が整っているかどうかを知るには、自分の表情を注意深く観察してみればいい**ことになります。

目の周囲に緊張はないか、頬はこわばっていないか、口をぐっと力を入れて閉じていないか。瞑想中にそのような緊張やこわばりを感じたら、吐く息とともに、その緊張、こわばりを解いていきましょう。

長年、ビジネスの第一線にいたために、緊張の連続で顔の筋肉が厳しい表情のまま固まってしまう人がいます。

リーダーたる者、厳しさも時には必要ですが、その顔つきのせいで、つねに相手に緊張を強いてしまうとしたら、考えものです。身体を整え、呼吸を整え、心を整えるマインドフルネス瞑想で、ぜひ心の緊張を解き放ち、やわらかい表情も手に入れてください。

トレーニングを継続するために

1日10分からはじめてみる

マインドフルネス瞑想について、よく聞かれるのは、

「どれくらいの頻度で実施したらいいですか？」

「どれくらいの時間、実施したらいいですか？」

ということです。


ここまでお読みいただいたみなさんはおわかりだと思いますが、マインドフルネスは、本を読んだり、セミナーや講義を受けたりして知識を得ることが目的ではありません。あくまで実践を通じて磨いていくものであり、日常生活でマインドフルな状態を維持する、あるいは自在にそこに戻れるようにするものです。

マインドフルネスは実践がすべてといっても過言でありません。

究極的な目標は、24時間マインドフルな状態をキープできること。そのためには、とにかく実践を継続するしか手はないのです。

理想としては、トレーニングは毎日実施する。できれば、1日30分を瞑想に充てられるとよいでしょう。

しかし、これからトレーニングをはじめようという人にとって、毎日30分も瞑想のために時間を割くのは難しいかもしれません。そういう人は、1日10分、それが難しければ5分でもかまわないので、毎日続けることを優先してください。

私たちがセミナーや企業研修を主催する際も、何より習慣化してもらうのが先決だと思って取りくんでいます。まずは3日間、時間は短くてもかまわないから続けてみる。次は1週間、さらに1カ月、3カ月……と徐々に期間を延ばしていく。とにかく毎日続けることに意味があるのです。

どうしても難しい、あるいは、どうしてもできない日がある、という人もいるでしょう。そういう時にこそ思い出してほしい言葉があります。

「たった1回の呼吸でもいい」

これは現在、グーグルで開発されたＳＩＹプログラムを世界中で展開するＳＩＹＬＩ[注04]のＣＥＯであるマーク・レサー氏[注05]の助言です。

ほんの一瞬の出来事でも、マインドフルネスを意識することが、継続の動機づけになることを示しています。意識を極限まで集中してその１回の呼吸を味わい尽くすつもりで取りくめば、１回の呼吸でも意味があるということです。

マインドフルネスを組織的に導入しているエー・ピーカンパニーの綱島恭介執行役員は、その体験を次のように語っています。

「マインドフルネス瞑想が習慣になってくると、毎日実施しないと自分の状態が整ってこないことがわかります。瞑想しないと、本来の自分を取り戻せず、調子が狂ってくる気がするのです。責任ある立場で、会社にとって、また、自分の組織や部下にとって、自分をいい状態に保つことが自分のパフォーマンスをキープする必須条件であり、ひいては、それが組織のパフォーマンス、成果となって現れます。いまとなっては、マインドフルネス瞑想は、自分をいい状態に保つための欠かせないツールとなっていて毎日、時間を確保して実践しています」

注04：正式名称は Search Inside Yourself Leadership Institute。SIY プログラムをグーグル以外にも提供するためにチャディ・メン・タン氏が設立した法人。本社は米国サンフランシスコ。

注05：曹洞宗の僧侶でもあり、かつ起業家として成功した実績をもつ。シリコンバレーの経営者などをクライアントとするコーチ、トレーナーを経て現職。ニューヨーク大学MBA。

ランニングやヨガ、フィットネスジムに通うことを習慣にするには、その効果について、頭でわかっているだけでなく、身体レベルで効果を実感できることが重要です。身体に目に見える変化が出てくれば、継続するモチベーションも上がります。

しかし、たいていの人はその前にやめてしまうので、効果が実感できないのです。

マインドフルな状態の心地よさ、気持ちよさだけでなく、**マインドフルネスをキープすることで、仕事やプライベートの面でも目に見えた変化が実感できるようになると、ますますマインドフルネスを習慣にしたくなる**のです。

生活リズムに組み込む

トレーニングの回数や時間の他に、「いつ行ったらいいか？　おすすめの時間帯は？」といった質問もよく受けます。

私がおすすめするのは、朝起きてすぐの時間です。

朝起きて、トイレなどをすませ、家の中で自分にとって心地よく座ることができる場所をあらかじめ決めておき、その場所で行います。特に朝4時から6時くらいの時間帯は、まだ世の中が目覚めていないこともあり、物音もあまりしないので、より集中して行うことができるでしょう。

季節や場所、部屋の向きによっても変わりますが、夜明けの朝日が昇ってくる時間帯は空気も澄んでいて、角度によっては神々しい朝日の光を全身に浴びることができます。早朝の気持ちのいい時間帯、毎日のはじまりの時間帯に、マインドフルな自分をセットすると、より澄んだ頭と心で、今日という1日をスタートさせることができます。

もちろん、ふだんの生活リズムの中で、なかなか朝は時間がとれない人もいるでしょう。そういう人には、夜寝る前の時間帯をおすすめします。

その日にすべき仕事や用事をすべて終え、すっきりした気持ちで取りくむことができます。夜寝る前にマインドフルネス瞑想を実践すると、睡眠が深くなり、朝の目覚めもスッキリ、という副次的な効果も期待できます。ぜひ、試してみてください。

ここでは起床後と就寝前のタイミングをご紹介しましたが、必ずしもそれにとらわれる必要はありません。いつでもどこでもできるのも、マインドフルネス瞑想の強みです。

時間と場所が確保できたら、心のワークとしてどんどん実践してみましょう。特に、仕事の合間に5分でも時間を見つけて実践すると、頭がスッキリして効果的です。

ビジネスピープルは、仕事モードに入ると、どうしても思考が優位になり、常に考え続けている状態になりがちです。お昼のランチタイムの後や午後3時の休憩タイム、会議と会議の合間、夕方に「あとひと仕事するか」とスイッチを入れる前などに取り入れると、心身がリフレッシュされるはずです。

マインドフルな状態とは、忙しい生活の中でざわついた自分自身をリセットし、頭と心と身体がスッキリ整理されたフラットな状態であり、**いつでもそこに立ち戻ることができるホームグラウンド**のような場といえます。ワークタイムの最中に短時間でも実践すれば、本来の自分を取り戻して、自分の能力を発揮できる可能性が高まります。

ぜひ習慣にしてみてください。

「うまくできない」と思ったら

瞑想をはじめたばかりの人に感想を聞くと、多くの人は「うまくできませんでした」「これで合っているのかどうか、わかりませんでした」と不安を口にします。

そこで、この章の最初に紹介したカバット・ジン博士によるマインドフルネスの定義を、もう一度思い出してください。

「意図的に、いまこの瞬間に、評価や判断とは無縁の形で注意を払うことから、浮かんでくる意識」

「うまくできませんでした」という言葉とマインドフルネスの定義を比べて、何か気づいたことはありませんか？

定義にある「評価や判断とは無縁の～」の部分です。「うまくできない」というのは、まさに自分自身の行為を評価し、判断していることになりませんか？

大切なのは、自分がうまくできたかどうか、ではなく、**自分の状態を観察して、注意がそれたこと、雑念がわいたことに「気づく」**ことです。**気づいて、もう一度呼吸に注意を向けていく**のです。

私たちはいつものクセで、自分の行動に対して、つい「うまくできた」「うまくできなかった」と評価をくだしがちです。それも、ほとんど無意識のうちに自己評価をしています。

でも、ラベル貼りをしておしまい、ではありません。

マインドフルネス瞑想では、自己評価をくだしがちな自分の状態にも気づき、それを冷静に観察するのです。

この気づきも、注意力が鍛えられた結果、醸成されるセルフ・アウェアネスのひとつということができます。そして、これがリーダーシップの基盤になっていくのです。

さまざまなマインドフルネス実践法

［身体や行為に注意を向けるトレーニング①］クイック・ボディスキャン

マインドフルネス瞑想には、呼吸を観察する方法以外にも、身体を観察する方法があり、こちらも広く普及しています。

ここでは、ジョン・カバット・ジン博士が考案した「ボディスキャンと」呼ばれる瞑想法の簡易版として、手軽に実行できる**「クイック・ボディスキャン」**をご紹介します。

クイック・ボディスキャンは、**「自分の身体、特に自分の頭、心、身体の部位に注意を向けて、そこで起きていることを観察するワーク」**です。まさに自分の身体をスキャンしていくイメージです（ちなみに、クイックでない「ボディスキャン」の場合は、45分程度の時間をかけて、じっくりと自分の身体の各部位を観察します）。

かける時間は状況に合わせて、短い時は2～3分から15分くらいまでを想定しておけばよいでし

クイック・ボディスキャンの手順

ステップ①	呼吸に注意を向けるマインドフルネス瞑想と同じように、イスに少し浅めに腰掛けて「自分にとって心地よい姿勢」をとる
ステップ②	軽く目を閉じ、少しの間、呼吸に意識を向けて、自分の頭と心を整える
ステップ③	頭頂部から頭の表面に注意を向けていく。髪の毛が空気に触れる感覚、頭皮や毛根部の感覚などを自由に観察する
ステップ④	顔から喉や首に注意を向けていく。顔に触れる空気、まぶたの動き、頭を支えている首の感触など、思うままに観察する
ステップ⑤	肩甲骨、背中に注意を向けて観察する。人によっては肩の凝りや痛みなどが感じられるかもしれない。また、呼吸とともに動いている肩や背中の感触を味わえることもある
ステップ⑥	胸に注意を向けて観察しながら、もし何か情動がわき起こってきたら、それも観察する
ステップ⑦	腹部に注意を向け、もし可能であれば内臓にも注意を向ける。ここでも何か情動がわき起こってきたら、それも観察する
ステップ⑧	最後に、自分のペースで呼吸を数回繰り返し、それを終えたら、ゆっくりと目を開けて、いまいる部屋に意識を戻す

ょう。図でおもな身体の部位をスキャンする手順を紹介しましたが、自分でアレンジして、さまざまな部位を観察してみるといいでしょう。

呼吸を観察するのと身体を観察するのと、どちらがやりやすいかは、個人差があるようです。初心者の方は両方試してみて、しっくりくるほうを続けてみるとよいでしょう。何よりも大事なのは、毎日続けることですから、できるだけストレスなく続けられるやり方を探してみてください。

ちなみに、身体を観察するマインドフルネスの訓練は、アスリートの怪我予防などにも効果があるといった報告もあります。

[身体や行為に注意を向けるトレーニング②]マインドフル・ウォーキング

ここまでは座って行うトレーニングを紹介してきましたが、じつは、マインドフルネストレーニングは必ずしも座って行う必要はありません。はじめて聞く人はたいてい驚きますが、歩きながら瞑想することも、食べながら瞑想することもできるのです。そこで、座って行う基本的なトレーニングを、そのまま歩行や食事におきかえた実践法を紹介します。

最初にお断りしておきますが、説明を読んだだけだと、かなり不思議な練習だと感じるかもしれません。セミナー会場ならいざしらず、いきなり人前でこれをやるのは気が引けるという人もいるでしょう。しかし、これを押さえておくと、歩行や食事という日常の営みの中に、マインドフルネスを自然に取り入れることができます。そのための一助として紹介しますので、恥ずかしい人は、〝密かにひとりで練習する〟ことを想定してお読みください。

マインドフル・ウォーキング[注06]は、**「歩く瞑想」**です。その名のとおり、**歩きながら「いまここ」に対する注意力を高めていきます。**

ここではゆっくりとしたテンポで歩みを進めながら、歩くという行為の中にある身体の動き一つひとつを観察していきます。スピード感としては、中国でおなじみの太極拳のスローな動きを思い浮かべてください。そのくらいの速度で、ゆっくり歩くのが本来のやり方です。

慣れてくると、膝や股関節が前後左右に動いていることも観察できます。足だけでなく、腰も連動して動いていますし、両腕、両肩も連動して動く、また両腕、両肩が動くということは、身体の中心にある胸も動いていることが感じられるでしょう。

このように、歩くという行為は、身体の各部位が連動しながら動くことによって成立しています。そのため、注意を向ける部分はたくさん出てきますが、最初は足が接地して離れていくという、足の動きを中心に注意を向けてみるとよいでしょう。

呼吸と足を中心とする動きに注意を向けることに慣れてきたら、足だけでなく、歩いている際に

注06：ウォーキング・メディテーションとも呼ばれる。伝統的な修行においては歩禅または歩行禅。

マインドフル・ウォーキングの手順

ステップ①	いきなり外で歩くのは勇気がいるという人のために、部屋の中を歩くことを想定している。非常にゆっくりと歩くので、狭い部屋でも実践可能
ステップ②	ふつうに立った状態で、数メートルほど前に歩いていけるだけのスペースを確保する
ステップ③	ゆっくりと息を吸って、息を吐く。これを1回の呼吸として、それに合わせて一歩だけ前に進む（太極拳のようなスローなテンポで）。どちらの足からはじめてもOK
ステップ④	呼吸とともに歩行という行為に伴って動く身体をじっくり観察する （例） • 上げている右足 • その時の微妙な身体のバランスの変化 • 足が徐々に地面に近づいていく感覚 • 地面を足の裏がとらえはじめる感触 • その時の重心が移動していく感覚 • 連動して動く左足の変化　　など
ステップ⑤	ステップ③に戻り、次の呼吸で、さらに一歩前に進む
ステップ⑥	ステップ④に戻り、身体の動きをじっくり観察する（これを何歩か繰り返す）

足と連動して動いている他の身体の部位にも注意を向けていきます。

最初は奇異に思えるかもしれませんが、実際にやってみると、座って行うオーソドックスなスタイルよりも、身体を動かすこちらのほうがしっくりくる、という人もいます。

[身体や行為に注意を向けるトレーニング③]マインドフル・イーティング

私たちが企業のみなさんにマインドフルネスの研修を実施する際は、できるだけランチの時間に「食べるマインドフルネス＝マインドフル・イーティング」を組み込んでいます。マインドフル・イーティングは本格的に行えば30分から1時間を要しますが、そこは適宜アレンジしていけばよいでしょう。

大手広告代理店の管理職を対象にした研修では、マインドフル・イーティングについて次のような感想をいただきました。


「ふだんは食べてしまえるお弁当の量が、半分、もしくは、4分の3くらいで満腹感が出てきて、それ以上は食べられませんでした」

「いつも何気なく食べているお弁当ですが、きょうは味の濃淡がはっきりとわかりました」

「食材が色とりどりで、その色合いの美しさに気づきました」

マインドフルな状態で食事をとると、目の前にある食事に注意が向き、ふだんとは違う豊かな食事の時間を体験することができます。また、いつものせわしない食事、同僚や取引先とともにする意識散漫になりがちなランチとの違いも、たった5分のトレーニングで気づくことができるはずです。

ここでは、ひとりで実行できるように簡略化した方法をご紹介します。

マインドフル・イーティングは、グーグル社でもマインドフルネスのバリエーションとして実践されています。

これらは座って行うマインドフルネス瞑想と同様、単なるリフレッシュやブレークタイムのための余技ではなく、ダイエット効果などの実証的な研究結果も報告されています。

[身体に注意を向けるトレーニング④]ラベリング

呼吸に注意を向けるマインドフルネス瞑想では、「いま息を吸っている」「いま息を吐いている」と心の中で唱える方法があると述べました。

マインドフル・イーティングの手順

ステップ①	ランチ（朝食や夕食でも可）の時間の５～ 10 分をトレーニングの時間とする。あらかじめ３分ほど呼吸を整えるか（基本的なマインドフルネス瞑想）、身体に注意を向けるボディスキャンを軽く行う
↓	
ステップ②	目の前にあるメニューから、ひとつ対象となる食べ物を選んで目で眺めて観察する。箸やフォークでその対象をとり、さまざまな角度から眺めてみる。自分の注意をその対象にすべて向ける
↓	
ステップ③	食べ物の重さを感じながら、匂いをかぐ。それに伴って生じる自分の思考や感情（おいしそう、早く食べたいなど）、身体反応（唾液がたまる、鼻が刺激されるなど）も一緒に観察する
↓	
ステップ④	口に運ぼうとする自分の手、腕の動きにも注意を向けながら、食べ物をゆっくりと口の中に入れる
↓	
ステップ⑤	舌の上にのせる瞬間に意識を集中し、どんな感覚が舌や身体にわき起こるかを観察する
↓	
ステップ⑥	自分自身に噛む許可を出す。噛みたいという衝動があれば、それを感じつつ、その対象をゆっくりと噛む。歯と食べ物が当たる瞬間や口の中で噛み砕かれる変化などを観察する
↓	
ステップ⑦	さらに、耳に意識を向けると、自分が食べ物を噛む音が聞こえてくる。自分の口が発している音にもしばらく耳を傾けてみる
↓	
ステップ⑧	視覚・嗅覚・味覚・触覚・聴覚の五感で対象を味わうことができたらようやく飲み込む。この時も、口の中からのどの奥に運ばれ、食道を通過し、胃に到着するまでの一連の動きにも意識を向ける

それと同じように、マインドフル・ウォーキングやマインドフル・イーティングの様子を、**心の中で実況中継していく**のもひとつのやり方です。

たとえば、マインドフル・ウォーキングと組み合わせて、「いま私は歩いている」「いま私は足を地面につけようとしている」「いま足を地面につけて、地面を蹴っている」と心の中で言葉にすることもできます。いま生じている気持ちや感覚も実況中継の対象になります。

マインドフル・イーティングと組み合わせると、お茶を飲んでいる動作であれば、「いま私はお茶の入ったコップをもち上げ、口に運んでいる」「コップに口をつけて、コップを傾け、お茶を口に運んでいる」「お茶が口の中に流れ込んできて、お茶を飲み込んでいる」といったように、一連の動作を現在進行形で、言葉で表現することもできます。

これらは行動、思いや感情を言葉で定義していくため、**「ラベリング」**と呼ばれています。

大事なのは、「現在進行形」で表現するということです。**「いま私は~をしている」**のように、**「現在している行為」**を表現することで、まさに「いま」「ここ」にいるマインドフルネスを鍛えていくのです。

ラベリングをやりはじめたばかりの頃は、座って行うワーク、マインドフルな歩行や食事のように、かなりフォーマルなマインドフルネスの訓練に添えるのがよいと思いますが、慣れてくると、日常のふつうの動作を一時的に心の言葉におきかえることで、自分を「いま」「ここ」でなすべき行為に戻す効果があります。

それほど重要な場面でなくても、散漫になった気持ちを整えるのにも役立ちます。

たとえば、通勤電車の中で、「いま私はつり革をつかんでいる、つかんでいる」「車内広告を見ている、見ている」「車内アナウンスを聞いている、聞いている」「きれいな女性／すてきな男性に目を奪われている、奪われている」といった具合です。

こうした日常でもっと手軽にできるマインドフルネスの実践については、次の章で詳しく解説します。

第４章

シーン別・マインドフルネス実践法

毎日をマインドフルにすごすために

Mindfulness

【起床】朝のプラス5分があなたの1日を変える

目覚めた瞬間から「注意力」を高める

前章の最後で触れたように、マインドフルネストレーニングは、日常生活のあらゆる場面で実践することができます。そこで、この章では、1日のはじまりから終わりまでを場面別に区切り、それぞれの時間帯にできる手軽なトレーニングについて紹介します。

もちろん、最初からすべてに全力で取りくむのは無理があります。まずはできるところから、興味がわいたところから試してみてはいかがでしょうか。

1日は朝の目覚めからはじまります。

東京都内に勤務するビジネスピープルの平均起床時間は6時52分。[注01] 目が覚めたその瞬間から、すぐにマインドフルネスを鍛えるチャンスが待ち受けています。

注01：出典「平成23（2011）年社会生活基本調査」（総務省）

目覚めてすぐにベッドや布団から起き上がるのではなく、まずは横たわっている自分の身体を味わってみましょう。重力を感じながら、つま先から下半身、上半身、頭部へと注意を向けていきます。ほんの30秒から60秒、呼吸とともに身体が目覚めていくのを感じましょう。

時間に余裕があれば、寝床から身体を起こして立ち上がるまでの動作を、マインドフル・ウォーキングのように、ゆっくり一つひとつ意識しながら行ってみましょう。以前よりも心持ちゆっくり身体を起こすようにするだけでもよいと思います。毎日繰り返していると、そのうち、今日も身体が動いてくれるという当たり前のことへの感謝の気持ちがわいてくるかもしれません。

寝起きの2、3分だけでも、脳を鍛える特別な時間にすることができるのです。

新しいことをはじめるのではなく、いつもの習慣を少し変える

ベッドや布団から出たら、歯磨き、洗顔、朝食づくりや食事、ゴミ出しなど、あなたの習慣に合わせてトレーニングすることもできます。

たとえば、洗顔の場合、水道の蛇口を意識的にひねり、水の冷たさを感じ、手のひらに水があふれる感覚を味わい、ゆっくりと顔に水をかけて目や鼻、頬、口などの部位の感触とひとつになる。それまで無造作に行っていたことをていねいに行うので、多少時間は余分にかかりますが、それでも水で洗うだけならば1分もかからないでしょう。

新しい習慣をつくろう、という話はたくさんありますが、それまでやっていなかったことを新たにはじめようとしても、それを毎日の習慣にするのは容易ではありません。

でも、マインドフルネストレーニングでは、既に身についた生活習慣そのものを利用できるので、ゼロから新しいことをはじめるより、よほど簡単です。

朝の忙しい時間に数分を加えるだけで、心の落ち着きやリラクゼーション、ポジティブなフィーリングを高めることができるのです。

【通勤】通勤時間をマインドフルにすごす

瞑想アプリで通勤電車も快適に

顔を洗い、朝食をとり、身支度を整えたら、さあ、仕事に出発です。

東京都内に通勤する人の場合、片道の平均時間は58分です。[注02] つまり往復で約2時間。これをただの通勤地獄にしてしまうのは、人生の大きな損失です。そこでみなさんは、スマートフォンでニュ

注02：出典「『通勤』の実態調査2014」(アットホーム株式会社)

ースを見たり、英会話の録音を聞いたり、本や新聞を読んだり、時間を有効活用しようとさまざまな工夫をしているでしょう。

それならば、もうひとつの選択肢として、通勤時間を使ってマインドフルネストレーニングをしてみてはいかがでしょうか。


実際、私たちがマインドフルネス研修を行っている企業のリーダーの中にも、すきま時間を有効活用しようと、通勤電車の中でお気に入りの瞑想ガイド音源をダウンロードして聞いたり、スマートフォンの瞑想アプリを活用して瞑想しながら出勤している方もいます。

前述のエー・ピーカンパニーの天野裕人部長は、「慣れれば、電車に揺られながらでも、つり革につかまって立ちながら、トレーニングすることができます」と話しています。

瞑想は座ってするもの、という固定観念を取り払うと、それだけでアイデアがぐんと広がります。

家族と同居していて、特に小さなお子さんがいる場合は、自宅でひとりきりの時間と場所を見つけて瞑想するのが難しいかもしれません。そんな時こそ〝通勤瞑想〟がおすすめです。


私もひとりで電車に乗り、降車駅まで5分以上の時間がある場合、お気に入りのiPhoneアプリ（私のおすすめは「雲堂（undo）」や「Mindfulness（英語版）」です）を立ち上げ、降りる駅までの時間を見て瞑想時間を設定し、マインドフルになる時間を楽しんでいます。

イヤホンをして目を閉じ、呼吸に意識を向けていくことで、擬似的に自分だけの空間をつくり、瞑想に集中することができます。

自転車通勤も、徒歩通勤も

最近、都内では自転車通勤の人が増えているようですが（私も自転車乗りです）、身体性の高い自転車ならば、なおさらマインドフルな状態になるのは容易です。

自転車に乗っている自分の感覚や路面から受ける感触、自転車の操作系のフィーリング、自分と自転車がつながった感覚、そして視界に入ってくる風景や音……。それら一つひとつを感じながら会社に向かう時間をもてたら、通勤時間全体がマインドフルネスに包まれるかもしれません。

ところで3章の復習も兼ねてここで補足すると、**マインドフルネスは一点集中ではなく、あることに集中しながらも全体を認識できている開かれた状態**です。

言葉にするとわかりにくいのですが、「集中した注意」と「開かれた注意」が伴っているわけです。武道の達人が相手に注意を向けながら、背後から襲ってくる敵の気配にも気づいているという、あの状態がまさに真のマインドフルネスといえます。

ですから、最高にマインドフルな自転車通勤は、安全運転にもつながるということです。

信号待ちのマインドフルネスの手順

ステップ①	止まっている自分の身体に注意を向け、重力や路面に支えられている自分を感じる

⬇

ステップ②	身体が呼吸を繰り返していることに気づき、そこに注意を向ける

⬇

ステップ③	呼吸を感じながら、自分の五感を通して入ってくるものすべてを観察し、それに気づいたら手放す。雑念がわいたら、それにも気づいて手放す

⬇

ステップ④	ふたたび身体感覚と呼吸に注意を向ける

図のように、もっと短い時間、たとえば信号待ちで立ち止まっている時に呼吸を整えるのも、すぐにできるマインドフルネスの実践法です。これなら自転車通勤ではなく、自宅から駅まで、駅から会社まで歩いている最中にでもできます。さすがに目を閉じて坐って、というわけにはいきませんが、少しの工夫で日常のマインドフルネス瞑想になります。

流れとしては図のとおりですが、立ち止まっている自分を意識し、呼吸を感じるだけでもまったく問題ありません。

いつでも、どこでも、すぐにできるショートワークとして活用してみてはいかがでしょうか。

【出社】マインドフルな状態で仕事をはじめるために

仕事を開始するまでの時間の使い方

次は、朝の出社シーンです。

いつも始業時間ギリギリで駆け込んでいる人も、ほんの少しだけ時間に余裕をもって出社すれば、さまざまなマインドフルネスを実践できます。

たとえば、毎朝、「おはようございます」と声をかけてくれる守衛さんのほうをしっかりと見て、「おはようございます」と挨拶を返してはいかがでしょうか。挨拶はすべての基本といいますが、相手をしっかり見て挨拶することを全従業員が実行するだけでも、会社の雰囲気は大きく変わります。

朝一番の時間帯に研修先の企業のロビーで待ち合わせている時、私はその従業員のみなさんの様子をよく観察していますが、残念ながら、ちゃんと挨拶ができている会社はそれほど多くはありません。

また、入り口や玄関で、会社の看板やロゴを意識的に見つめるのもよいでしょう。デザインや言葉に込められた意図など、ふだんは意識しないことを思い出す機会になるかもしれません。

エレベーターで移動中のわずかな時間も、マインドフルネスを実践するチャンスです。エレベーターが上昇していく感覚に身を委ね、その動きと一体になってみるのもマインドフルネストレーニングになります。

「さあこれから仕事だぞ」という身体にみなぎる感覚に気づきながら、モチベーションを上げることができれば、始業前のよいウォーミングアップになるでしょう。

アスリートたちは、これと同じようなことを実際に行っています。

ロッカールームからグラウンドに出てくる時に、歩きながら気持ちを高めていくサッカー選手や野球選手。独特の緊張感がみなぎるあの瞬間に、前回の失敗をクヨクヨ悔やんでいたり、今日のゲームが終わったら何を食べようかなどと試合とは関係ないことを妄想している選手が、よいプレーをできるとは思えません。

私たち**ビジネスピープルにとって、毎日の仕事は、アスリートにとっての本番と同じ**です。意識をしっかり集中してのぞみたいものです。

【会議】グーグルも実践しているマインドフルなミーティング

会議の前に参加者全員で5分間瞑想する

続いて、会議やミーティングのシーンを見ていきましょう。

組織やチームで仕事を進めているかぎり、会議やミーティングは避けて通れません。職場にいる時間のうち、会議やミーティングがかなりの割合を占めているという人も少なくないのではないかと思います。中には30分刻みでミーティングの予定が入っていて、次々とこなしていかないと、自分の業務を片付ける時間さえ確保できないという人もいるはずです。

そうした状況では、明らかに準備不足の状態で次のミーティングに入ってしまって、何も発言できなかったり、前のミーティングで上司からミスを指摘されたことが気になってうまく切り替えられなかったり、といった問題が起こりがちです。

また、最近は会議中もパソコンをテーブルに広げ、資料を見ながら進めるケースが増えています。

そうすると、要返信の電子メールやショートメッセージなど、余計なものがつい目に入ってきます。これでは目の前の議論に集中できません。

会議やミーティングのような場でさえ、私たちは「気もそぞろ」「ついうっかり」「そわそわ」といった〝マインドレスモード〟で参加することが珍しくありません。

ひとりやふたりならまだしも、その場にいるメンバーの大半が議題に集中できていないとしたら、何のために貴重な時間を割いて集まっているのか、わからなくなってしまいます。そんな状態では、組織パフォーマンスの最大化など期待できません。

参加者が集中し、より効率的で、生産性の高いミーティングにするためには、それぞれの参加者がマインドフルな状態を取り戻すことが先決です。

そのような背景から、序章で紹介したグーグルのgPause[注03]でもミーティングをサポートしています。

私が経営に携わっているブラウンシュガーファースト[注04]では、毎週、全体ミーティングがはじまる前に、基本的なマインドフルネス瞑想（呼吸に注意を向ける）を5分程度実施しています。

いったんパソコンを閉じて、それまで行っていた作業を止め、呼吸や自分の身体の状態に注意を向けることで、頭や心を整えてから、ミーティングを開始します。

また、ワークの際に、自分の好みのアロマを嗅ぐことで、さらにマインドフルネスの導入を深め、

注03：グーグル社内のマインドフルネス瞑想を実践するグループ。詳しくは序章19ページ参照。

注04：オーガニックフードの輸入・製造・販売会社。良質なココナッツオイルを日本に紹介したことで有名になった。

気分をリフレッシュさせる、といった工夫もしています。

リーダー層の人たちがマインドフルネスの基本的な実践法に慣れてくれば、どこの職場でも取りくめます。

図の手順を参考に、トライしてみてはいかがでしょうか。

会議の途中や締めくくりで呼吸を整える

会議中、議論が紛糾したり、行き詰まって意見が出なくなることがあります。

そんな時、リーダーやファシリテーターの判断で、開始前と同じように短時間のマインドフルネス瞑想を入れるのも効果的です。疲れを感じた時は、少し身体をほぐしてから行うなど、身体的なワークとセットにするとよいでしょう。瞑想と呼ばず、単に「呼吸を整える」程度の位置づけでもいいと思います。

さらに、終わりよければすべてよしで、最後に全員で呼吸を合わせてミーティングを終えることができれば、それぞれ、次の仕事に気持ちよく移っていけます。

ここで紹介したやり方は、社内の会議やミーティングにかぎらず、大事な商談やプレゼンの前などでも有効です。

ミーティングのマインドフルネスの手順

ステップ①	ミーティングテーブルの上を整える。パソコンもいったん閉じる
ステップ②	時間は３～５分程度。時間がないときは１分でも効果あり
ステップ③	参加者全員が、自分自身や相手に対する評価や判断を手放す
ステップ④	より生産的、効果的なミーティングとする意図をもち「いま」「ここ」に意識をおく
ステップ⑤	リーダーが瞑想のガイドを行いながらリードする。参加者が瞑想に習熟してきたら、ガイドの担当者を持ち回りにするのもよい

本番の前に10秒ほど静かに目を閉じて呼吸を整えるだけでも、気持ちを落ち着かせる効果があります。さまざまな場面に応用できますので、ぜひチャレンジしてみてください。

ただ、注意してほしいのは、人によって理解度に差があるので、他人に強要するのはご法度だということです。精神性や理念的なことを強調しすぎるのも、控えたほうが無難です。

力まず、スポーツのウォーミングアップやクールダウンの感覚でライトに取りくむのが、マインドフルネスを職場に取り入れる際の鉄則です。

【ランチ】コップ一杯の水で集中力を取り戻す

わずか10秒のマインドフル・ウォーターでリフレッシュ

前章ではマインドフル・イーティングを紹介しました。

ランチタイムにこれを実践できれば申し分ないのですが、人目も気になるし、混雑したレストランなどでは、意識を集中するのもなかなか難しいものです。

そこで、マインドフル・イーティングをいつでもどこでも実践できるように、簡略化したバージョンを紹介します。

たとえば、いつもどおりの慌しいランチを社内食堂でとるとします。

今日はひとりでゆっくり食べたいと思っても、同僚や上司が近くにいたりと、なかなかマインドフルな食事とはいきません。

しかし、静かに目を閉じて、コップの水を一口ゆっくりと口に含み、静かに飲み干すだけならば、違和感なく実行できるでしょう。この一杯の水を、今日1日の生命力を支える水だと（大袈裟に）思いながら、その瞬間を存分に味わうのです。

その冷たさ、喉を通っていく感触、身体全体に浸透した感じなどを味わい尽くせば、たとえ一杯の水でもマインドフルな状態をつくることができます。

そんな10秒のマインドフル・ウォーターを、まずは心がけてみてはいかがですか。

もう少し時間に余裕があり、またひとりのスペースを確保できる時には、ぜひ短時間でもマインドフル・イーティングを試してください。

実際に取りくんでいる人は、添加物や脂っこさなど、人間にとって本来望ましくないものを食べた時にすぐに気がつくという感想を述べています。どうしても不規則になりがちな食事、ジャンクフードに頼りがちな生活を見直すきっかけになるかもしれません。

また、ストレスが溜まった時、仕事で疲れた時には、適度に糖分を摂取するのが有効です。

私たちも会議中や企業研修の際に、一口チョコレートなどを用意したりしますが、この時にも「チョコが身体に入って、自分をリラックスさせてくれている」と感じながら、そのひと口を存分に味わうと、食べすぎて逆効果という失敗を防ぐことができます。

【職場】オフィスでも呼吸に意識を向ける

放っておくと呼吸は浅くなる

これまで述べてきた日常的な実践よりも、さらに簡単なアイデアを紹介します。それは、ほんの一瞬だけ自分の呼吸をチェックする、というものです。

これなら、ふだんオフィスにいる時でも、すぐに実践できます。

1日の中で、自分の呼吸を意識できている時間はどのくらいありますか？まだ本格的にマインドフルネス瞑想に取りくんでいない人は、まったく意識したことがないかもしれません。

そういう人は、呼吸を意識することからはじめてみましょう。いま自分がしている呼吸が浅いか深いか、ゆっくりか速いか、フィーリングはどうかなど、女性が時々鏡を見て化粧の具合を確認するように、呼吸の状態を確かめてみるのです。
ふだんからこれを心がけることで呼吸への関心が高まり、本格的にマインドフルネスを実践してみようという意欲が高まる効果も期待できます。
特に、ハードワークで心身の疲労が溜まっている時期や、１日の疲れが出てくる午後から夕方にかけて、意識して取り組んでほしいと思います。

ゼクシィ、カーセンサー、進学ネットなどの情報メディアや受験サプリなどの革新的なオンライン教育事業を次々と世の中にリリースしているリクルートマーケティングパートナーズ社で、セミナーを実施した時のことです。マインドフルネストレーニングの基本的な実習をしたあとに、ある女性リーダーから次のような感想をいただきました。

「こんなに呼吸に意識をしたことは、仕事をはじめて以来、もしかしたら物心ついてから、はじめてかもしれません。また、ふだんの自分がどれだけ浅い呼吸しかしていないのかも理解しました。これだけでも大きな気づきです」

このような感想をもつリーダーがたくさんいます。
ふだんから意識しておかないと、呼吸は浅く、速くなりがちで、呼吸が整わないと、心の平穏を

保つのが難しくなります。

だからこそ、みなさんにも常日頃から呼吸をチェックするクセを身につけてほしいのです。

あまりにも簡単すぎてすぐに忘れてしまいそう、と心配になった人もいるかもしれません。そういう人におすすめしたいのが、スマートフォンのアプリを使って定期的にお知らせの音が鳴るようにセットしておくことです。

これは、シリコンバレーのトップリーダーも実践している方法です。どのように活用しているのか、第6章でも紹介します。注05

職場全体の呼吸を感じる

自分の呼吸を意識することに慣れてきたら、次は職場全体、あるいは近くにいる人の呼吸を感じてみましょう。スマートフォンアプリで自分の呼吸をチェックしたついでに、少し周囲を見渡せば、その場の空気を感じることができます。

日本語には「息が合う」や「阿吽《あうん》の呼吸」のように、よい関係性を呼吸で表す言葉があります。お互いに信頼関係で結ばれ、息の合ったチームなら、成果も出やすいはずです。

注05：詳しくは6章256ページ参照(SIY開発者チャディー・メン・タン氏の取組みを紹介)。

ところが、そうした仲のよいチームで誰かがストレスフルな状態に陥ると、浅い呼吸も合ってしまう可能性があるのです。第5章で詳しく解説しますが、人の意識や状態は近くの人に伝染していくことがわかっています。

だからこそ、よりよい職場をつくりたいと願うビジネスリーダーは、**自分の呼吸を整えるのと同時に、メンバーの呼吸を感じる**ことが大切なのです。

たとえば、次のような流れで実践してみるとよいでしょう（チェックタイムは15秒から30秒くらいを想定）。

あらかじめ自分も呼吸を整え、そのうえで相手の呼吸に注意を向けます。特に呼吸のペースが浅いのか深いのか、他にどんなことが感じられるのか、心をオープンにして接します。

自分を十分に整えた状態で、邪推を交えず、相手に対する評価や判断を手放して、マインドフルに関わることを心がけます。

そうしているうちに、相手の呼吸がよい方向に変わり、ポジティブな意味で息が合ってくる――これは、私自身がコーチングを実施する際に感じることです。

自律神経のうち意思によって制御できるのは呼吸だけ

ここで、身体のメカニズムについて補足しておくと、呼吸は交感神経と副交感神経からなる自律

交換神経と副交換神経

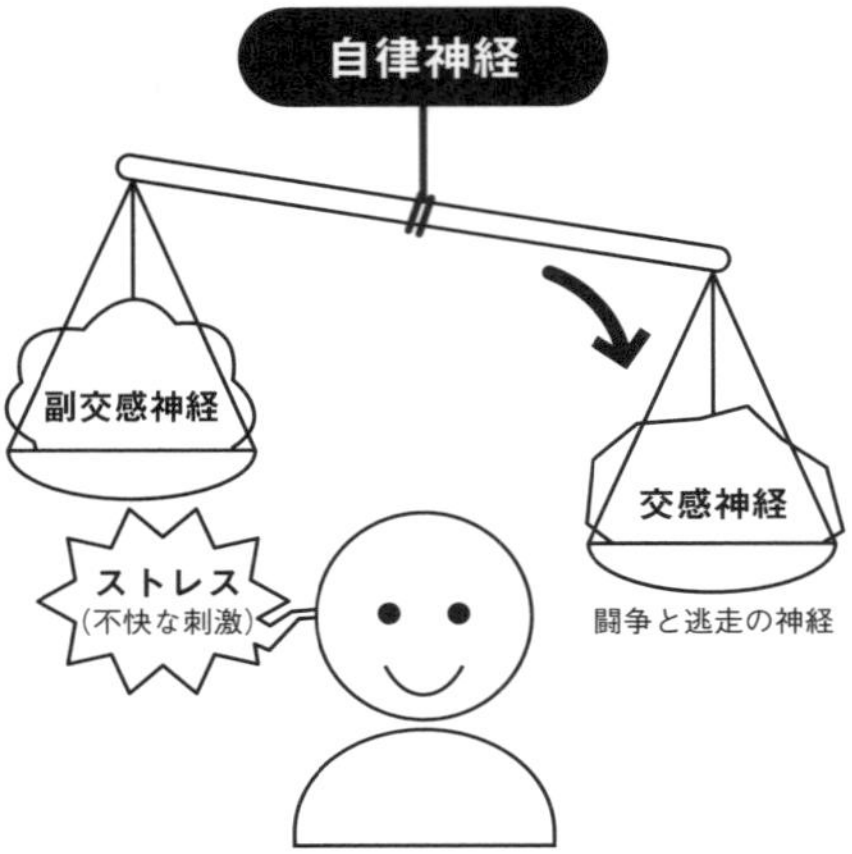

神経がつかさどっています。

身体が活発に動いている時に働くのが交感神経で、血圧の上昇、心機能促進、気管支拡張などをうながし、俗に「闘争と逃走の神経」とも呼ばれます。

一方、身体が静かに落ち着いている時に活性化するのが副交感神経です。大量の唾液を分泌させたり、胃酸の分泌、心機能の抑制、腸管運動の促進といった働きをしています。

ストレスフルな職場にいる時は、交感神経が忙しく動き、副交感神経があまり働いていない状態になります。これが常態化すると、心身に悪影響が及んでくるのです。

しかし、自律神経は文字どおり自律した神経ですから、自分の意思でコントロールすることができません。

その中で**唯一、呼吸だけは、自分の意思で**

制御することができます（もちろん、放っておいても呼吸できるのは、自律神経だからです）。

ほんの一瞬でも呼吸をチェックすること、それを習慣づけることの意義がここにあります。

メンバーがゆったりと呼吸できている職場は、それだけ気持ちに余裕があり、メンバーそれぞれがよい仕事ができている可能性が高いといえるでしょう。

【休憩】ひとりで集中できる場所と時間を確保する

自分だけのお気に入りスポットを用意する

ずっとオフィスでパソコンの前に座っていると、考えが行き詰まったり、息苦しくなったりするものです。

少し席を離れてリフレッシュしたくなった時、あなたはどこに行きますか？　あなたの身近に、そこにいるだけで心を落ち着けられる場所はありますか？

年に数回、実家に帰れば落ち着くとか、気に入って毎年通っている定宿などがあるかもしれませんが、日常生活の中ですぐに行ける範囲に、マインドフルな空間をぜひ確保したいものです。あまり使われていない会議室、人通りの少ない廊下や窓辺、ビルの屋上、個室トイレの中、オフィスの近くにある公園のベンチなど、すぐに行けて、誰にも自分の集中を邪魔されない場所。そういう場所をもっていると、心にゆとりが生まれます。

私は仕事柄、いろいろな企業のオフィスに出向き、そこで仕事をさせてもらうことも多いのですが、それぞれのオフィスで、リセットするための場所と方法を見つけることがクセになっています。あるオフィスビルでは、1階のエントランスの周辺近くにあるベンチ、ある企業の本社ビルでは、人通りの少ない東京湾が見渡せる廊下の窓際、ビルの隣に公園がある企業では、公園の木の下にあるベンチなど。休憩時間にそうした場所を訪れて、ひとりきりで数分間、自分の呼吸に意識を集中させたり、自分の頭、心、身体の状態に気づくクイック・ボディスキャンを実施したりしています。

また静かにひとりになれる場所がないオフィスでは、エレベーターホールを利用して、その通路を怪しまれない程度にゆっくりと歩き、マインドフル・ウォーキングを行っていました。

あなたも楽しみながら、お気に入りのスポットを見つけてみてはいかがでしょうか。

すき間時間にプチマインドフルネス瞑想

心身をリフレッシュするには、お気に入りの場所だけではなく、そのための時間を確保することも必要です。

分刻みのスケジュールをこなしているシリコンバレーのエグゼクティブたちに話を聞くと、１日の予定の中に、あらかじめ自分自身をリセットするための時間をスケジューリングしている人も少なくありません。そうしておかないと、ちょっと休憩することさえままならないからです。

たとえば、朝オフィスに到着して最初の５分間、ランチタイムの前後、午後のミーティングの合間に５分、10分と予定を入れておく。あるいは、15時になったら必ず休むと決めておく。そうすることで、いつの間にか注意散漫になっている自分に気づき、リセットして、新鮮な気持ちで次の仕事に移っていけるのです。

ひとりで集中できる場所と時間が確保できたら、マインドフルネス瞑想の基本ワークを思い出して、それを実践するのもよいでしょう。

また、マインドフル・ウォーキングやラベリング（自分がいま行っている動作を言葉にして唱える）[注06]を軽く行うのもおすすめです。

注06：ラベリングの手順は３章159ページ参照。

【退社】仕事をしっかり「チェックアウト」する

クールダウンでモヤモヤを解消する

私たちのワークショップでは、最後の締めくくりとして感想を述べ合い、これからの取組みについて抱負を述べたりすることを、**「チェックアウト」**と呼んでいます。

今日1日にやるべきことをしっかりやりきったという感覚をもって終えることは、モチベーションを保つうえでも重要です。

この「チェックアウト」を、ふだんの仕事でも取り入れてみてはいかがでしょうか。

毎日仕事を終えてパソコンを閉じる時、あなたの心の「仕事モード」も、一緒にシャットダウンできていますか?

その日の仕事をきちんと完了するために、ゆっくり深く呼吸しながら30秒ほど時間をかけてクールダウンしてみてはいかがでしょうか。

ただ、問題なのは、懸案事項が残っていたり、予定が狂ってしまったりして、「まだ終わっていない」という感覚に包まれている時です。今日やるべきだったタスクが全部片づいていれば、気持ちよく「チェックアウト」できますが、やり残した時はどうすればいいでしょうか？

最悪なのは、本音ではイヤイヤながら、惰性で残業を続けること。イヤなのに帰らない。イヤなのに帰れない。どちらにしても、非常にストレスフルな状態です。

そんな時は、いったんすべての行為を停止して、「そのタスクは残業してでも今日やるべきことなのか」を確認しましょう。**心がザワザワしている状態では判断も鈍る**ので、1分ほど目を閉じて呼吸を整えたり、何度か深呼吸をしたり、簡単なストレッチをするなど少し身体を動かしたりして、まずは気持ちを落ち着かせます。

その状態で、自分に問いかけるのです。

「そのタスクは残業してでも今日やるべきことなのか」

冷静になって考えてみれば、無理して今日やらなくてもいいタスクだと見きわめがつくかもしれませんし、あるいは逆に、あと1時間集中すれば終えられるから、これだけ終えて帰ろうという見通しが立つかもしれません。同じ残業でも、イヤイヤやるよりも、時間を区切って集中して取りくむほうが、生産性が上がることはいうまでもありません。

それでも、時には、仕事が思いどおりに進んでいないことに対するモヤモヤ感が残ることもあるでしょう。そういう時こそ、マインドフルネスを実践してみてください。

身体のどこかから響いてくるモヤモヤに注意を向け、それを十分に観察してください。懸案事項についてグルグルと思考を巡らせるのをいったんやめて、身体感覚として経験してみるのです。

2章で解説したように、**モヤモヤやイライラといった感覚は身体感覚**であり、そこから情動や感情がつくり出されて、激しい場合は理性をつかさどる脳機能が支配されてしまいます。

しかし、マインドフルネストレーニングによって、「いま身体が経験していること」として受け止められるようになると、次第に気持が落ち着いてくるのです。その結果、「ま、今日はここまで終えればいいか」というピリオドを、自分で打てるようになります。

多少のモヤモヤが残った時に、それも経験として受容できるようになることも、マインドフルネスの効用のひとつです。

【帰宅】書くマインドフルネス——ジャーナリング

書くことで「気づき」と「やる気」が高まる

仕事を終えて帰宅し、ひとりになれる静かな時間。基本的なマインドフルネス瞑想以外にも、このリラックスした時間にできることがあります。

それは、ずばり**「書くマインドフルネス」**、一般には**「ジャーナリング」**[注07]と呼ばれるものです。書くことも瞑想に入ると聞いてビックリする人がいますが、ジャーナリングは他人に見せるために書くのではなく、**心に浮かんだことを浮かんだまま書き連ねることで内省をうながす**のが目的です。

上手な文章を書く必要もなければ、きれいな文字で書く必要もありません。むしろ、ペンを走らせ、思いつくままに、たくさん書き出しながら、自分に対する気づきを得て、理解を深めていくのです。

テーマによっては、自分自身のポジティブな感情を喚起して、モチベーションが高まったり自信がわいたりすることも期待できます。

ジャーナリングの効果については、失業したサラリーマンをふたつのグループに分け、５日間自分の気持ちを書き留めたグループと、ジャーナリングをしなかったグループを比較したところ、８カ月後、ジャーナリングをしなかったグループの就職率が27％だったのに対して、ジャーナリングを行ったグループは68％という非常に高い就職率を示した、という報告があります。

注07：またはジャーナルライティングと呼ばれることもある。

自分がなんとなく感じていることを言葉にするということは、無意識に感じていることを意識することに他なりません。**人は言葉にすることではじめて明確に認識できる**ので、たとえば、漠然とした夢をはっきり言葉にすることで、その夢を実現するためのステップや行動を検討することができるようになります。

夢が実現に向けて本当に動き出すのです。

また、自分が何に悩んでいるのか、どこに不安を抱いているのかといったことも、ジャーナリングで書き出してみると、はっきり認識できるようになります。

ジャーナリングは日々の生活の中でも実践できますが、ＳＩＹや私たちが主催するセミナーでも、欠かせないワークとして取り入れています。

「ジャーナリングは実際にペンで書いたほうがいいのか、それとも、パソコンのキーボードで打ち込んでもかまわないのか」

こんな質問をたまに受けます。

概念的なことをジャーナリングする場合は、考えながら抽象的なことをまとめる作業が必要なため、手書きのほうがよいといわれています。

一方、情報を正確に素早く記録するという意味では、タイピングのほうがよいといわれます。

脳科学的には、ペンで書く場合とキーボードを叩く場合では、使っている脳の部位が違うという

ジャーナリングの手順

ステップ①	紙とペンを用意する

↓

ステップ②	テーマについて、できるだけたくさんの事柄を書き出す ※書くことがなったら「書くことがない」と記入する （とにかく手を動かすことが大事）

↓

ステップ③	ある一定時間、書き続ける（３分、５分、７分など）

テーマの例

日常のワークとして実行する場合	• 今日の仕事での気づきや学び • 今日うれしかったことや感謝したこと • 今日いちばん印象に残ったこと • 今日チャレンジしたこと • 今日思わず笑ったこと など
セミナーなどで実行する場合	• 私が自分の人生で達成してきたことは？ また、達成したときに感じた気持ちは？ • 子どものときに夢中になっていた遊びは？ また、そのときどんな気持ちだった？ • 人生の中で、大きな幸せを感じた出来事は？ （できるだけくわしく描写する） • 行ってみたい場所は？ • 食べたいものは？ • ほしいものは？ • 自分が平和のためにできることは？ • 自分のことで、できれば変えたい、直したいところは？ • 宝くじに当たったら、何をする？ • 恐れや不安を感じさせるものは？　感じさせることは？ など

レポートがあります。

ジャーナリングでは、内省や探求が目的なので、特殊な場合を除くと、紙に手で書くのが基本だと思ってください。

また、今日1日を振り返ってジャーナリングをする場合は、ポジティブな切り口でテーマ設定すると、よい気分のまま眠りにつくことができるでしょう。

【酒席】マインドフルなお酒の飲み方

飲みすぎ、食べすぎで後悔しないために

会社から早めに帰宅して、マインドフルな夜の時間をゆったりとすごす。理想をいえば、そうなのですが、残業する日もあれば、夜のお付き合いもあって、なかなか早い時間に帰れないという人も多いでしょう。お酒が入ってしまうと、さすがに落ち着いて瞑想するのは困難です。

とはいえ、ビジネスピープルにとって酒席は仕事の延長ともいえます。それが不健康な食生活を

助長し、体調を崩す原因となることもあります。
また、本来は楽しいはずのプライベートでの飲酒も、ストレスが溜まると度がすぎて、〝いいお酒〟のはずがネガティブなものに変わってしまう、ということもありがちです。

さて、朝はバタバタしていて時間がない、昼間は仕事で休む間もない、夜は毎晩お酒が入って瞑想どころではない、という人は、どうすればよいのでしょうか。
本来、そういう生活を送っている人にこそ、つかの間でもマインドフルな時間をすごしてほしいのですが、ここでは、お酒とマインドフルネスの関係について触れておきましょう。

「ニューヨーク・タイムズ」や「ナショナルジオグラフィック」で健筆をふるうジャーナリストのカレン・オステン・ガースバーグ氏は、「ドリンキング・ダイアリー」という読者参加型ブログの共同編集・執筆者として、女性がアルコールとよりよく付き合う方法について情報発信しています。[注08]
彼女の記事には、**「アルコールとの節度ある付き合い方をしていくためのカギは、自分がどのような影響を受けるかについて、十分に自覚して飲食する方法を学ぶこと」**というキャリー・ウィルキンス博士のアドバイスや、「それはすべて、自分が何をしているかということへの気づきにかかっている。カフェインやシュガー、アルコールなどの身体に大きな影響を与えるものを取り入れることを、悪だと考える必要はない。あなたが、それらが自分を傷つける可能性があることに気づい

注08：「ドリンキング・ダイアリー」http://www.drinkingdiaries.com/

てさえいれば」という栄養心理学研究所のマーク・デビッド所長の言葉が登場します。[注09]

「そんなことはわかっている」という声が聞こえてきそうですが、そう思っている人の多くが、飲みすぎや食べすぎを後悔し、その悪習を克服できずにいるのはなぜでしょうか。

それはまさに「いまこの瞬間に意図的に注意を向ける」ことが十分にできていないからではないか、というのが、マインドフルネスを実践しているカレンさんの意見です。

月曜日は禁酒日と決めているというカレンさんは、記事を次のように結んでいます。

「私は、いつ、なぜ、どのように飲むかについて、マインドフルでいるつもりだ。飲むことが自分に悪い影響をもたらさない限りにおいて、私はディナーとともにワインを楽しみ続けるつもり。ただし、月曜日を除いては」

目指すは「いつでもどこでも」マインドフルネス

この章では、日常生活のシーンごとに、マインドフルネスを実践するヒントを紹介してきました。

これまで述べたこと以外にも、マインドフルネスを実践する機会は、日常生活の至るところにあ

注09：参考「EXPERIENCE LIFE」（アメリカの健康情報誌）Webサイト。
https://experiencelife.com/

ります。どんな場面でマインドフルネスを実践したか、企業研修やセミナー受講者に「宿題」を出すこともあります。

たとえば、犬の散歩、洋服の着替え、シャワーや入浴（お湯に浸かっている時は長時間やりすぎて茹で上がってしまわないように気をつけてください）、掃除、荷物運び……。

それぞれ身体を使う場所や負荷のかかり方、五感に入る刺激の内容が違いますから、いろいろ試してみるとよいでしょう。

さまざまなシーンで実践できるマインドフルネスですが、スイッチをオンにした時と、オフにした時で、受ける印象がガラリと違うのは、きちんとマインドフルな状態に入っている証拠でもあるので、そのまま継続していけばよいと思います。

ただ、究極的には、24時間、いつでもどこでもマインドフルな状態になるのが理想なので——寝ている間は除いて——つねにスイッチがオンの状態をイメージしてみるとよいかもしれません。

グーグルの幹部でＳＩＹの開発者のメンさんが、講演などでよくする話を紹介します。

「マインドフルネスは、特別な状態でなく、トレーニングを積み重ねていけば、いつでもその状態に自分をリセットすることができるもの。ほら、こんな風にね」

そして、彼が決まってするのは、片手でパチンと指を鳴らすと同時に、目を閉じ、たった一回の呼吸に深く、深く意識を向けていくアクションです。

この一連のアクションは、時間にして、わずか2、3秒。

そして、彼は、しっかりと足を地につけ、背筋をすっと伸ばし、落ち着いた威厳深い表情に戻ります。

ここで彼が強調したいことは、**「私たち人間は、もともとマインドフルネスを備えているのだ」**ということです。

突き詰めると、**マインドフルネスとは努力して獲得するものではなく、日常の行いを通じて思い出していくもの**、といえるのかもしれません。

第５章

チームの力を高める
マインドフル・コミュニケーション

成果を出し続ける聴き方、伝え方

Mindfulness

リーダーの成果の４割はコミュニケーション力で決まる

リーダーの聴く力と伝える力

この章では、チームを率いるリーダーにふさわしいコミュニケーションのあり方について考えていきます。

成果を出し続けるトップエリートは、部下の意見をいかに引き出し、問題解決に取りくんでいるのか。メンバーのやる気をどうやって高めているのか。

そこで登場するのが、**マインドフル・コミュニケーション**です。

第3章で基本的なマインドフルネストレーニングを学び、第4章で日常的にマインドフルネスを実践する方法を身につけたみなさんは、既に自分自身をマインドフルな状態に保つ方法を知っています。

今度は、それをチーム全体に及ぼしていくのです。それによって、あなたのチーム、あなたの職場は、見違えるほど **〝しなやかで強いチーム〟** に生まれ変わります。ただの仲良し集団ではなく、**成果をしっかり生み出しつつ、お互いに信頼関係で結ばれた強い組織**――マインドフル・コミュニケーションが目指すのは、そうしたチームづくりです。

タレントマネジメント（人材特性を把握して採用や育成、配置を効果的に行う一連のしくみ）やリーダーシップ調査の世界的リーディングカンパニーである米国プロファイルズ・インターナショナル社によると、**職場で求心力をもつ上司の具体的な行動の決め手はコミュニケーション能力にある**と報告されています。

２０１ページに示すのは、同社が企業のマネージャー４万人と、その部下40万人を対象に行った調査から導き出された「成功している管理職」に共通の８つのコンピテンシー（成果を生み出す能力）と、それぞれの能力に紐づく18のスキルセットです。

８つのコンピテンシーのうち、「コミュニケーション」は他のコンピテンシーにも影響するため、**成果の40％は「コミュニケーション」が直接的・間接的に関係する**とされています。

ただ、ひと口に「コミュニケーション」といっても、弁舌に優れているとか、論理的に説明できるといった、特定の要素だけで評価されるものではありません。むしろ、その本質は **「いかに目の前にいる部下を思い、心から相手と関わっていることが伝わるか」** にあります。

それはコミュニケーション能力を構成するスキルの中でも、「傾聴する」が最も重視されていることからもうかがえます。

人の話を十分に聴けないリーダーは、まず成功することはありません。

孔子も「忠言耳に逆へども、行ふに利あり」[注01]と説いているように、聴くことの大切さは、古今東西リーダーシップの普遍的原則のようです。

マインドフルネスを磨くこと、つまり呼吸などを使って「いま」「ここ」に注意を向ける訓練は、そのまま聴く力の養成につながります。**呼吸に注意を向けることと、相手の話に注意を向けることは、本質的に同じ**ことだからです。

相手の話に耳を傾け、途中で注意がそれてしまったら、その状態を受け止め、観察して、もう一度、相手の話に注意を向けていく。対象が自分の呼吸か、相手の話かという違いがあるだけで、やるべきことは同じです。

ですから、ふだんから傾聴を心がけていれば、それ自体がマインドフルネスの訓練にもなるのです。

話を聴いてもらった相手も満足して、相手のいうこともよく理解でき、自分自身もマインドフルネスを実践できる。それが、結果としてチーム力の向上につながり、今期の目標も達成できるとしたら……。一石三鳥にも四鳥にも五鳥にもなるのですから、これをやらない手はありません。

注01：現代語訳「部下の忠言は素直には聞けないが役に立つ」

成功している管理職に共通のコンピテンシーとスキルセット

コンピテンシー	スキルセット
コミュニケーション	• 傾聴する • 情報を処理する • 効果的に意思を伝える
リーダーシップ	• 信頼を築く • 指示を出す • 職責を委任する
適応性	• 状況に適応する • 創造的に考える
対人関係	• 個人的人間関係を築く • チームの成功を促進する
タスク管理	• 効率よく仕事をする • 能力を活かして仕事をする
成果創出	• 行動を起こす • 成果を達成する
部下育成	• 個々の強みを育成する • 効果的に動機づける
自己開発	• 決意をもって取りくむ • 向上しようと努力する

さまざまなところに波及

もっとも大きな成功要因

リーダーこそマインドフル・コミュニケーションが求められる

前述した8つのコンピテンシーにおいて「コミュニケーション」が先頭にくるのは、次にくる狭義の「リーダーシップ」を含め、より広い意味での「リーダーの資質」（8つのコンピテンシーを統合したもの）を開発するテコになるからだと考えるのが自然です。

たとえば、狭義の「リーダーシップ」を構成する「信頼を築く」「指示を出す」「職責を委任する」を効果的に行うには、適切なコミュニケーションが必要なのはいうまでもありません。続く「適応性」の中の「状況に適応する」「創造的に考える」にしても、難題を乗り越えるには多様な他者への適応、他者との関係を通して生まれてくる創造性が求められます。ここでも、やはり上質なコミュニケーションが欠かせません。リーダーとしての「対人関係」「部下育成」はいうに及ばず、それ以外の「タスク管理」「成果創出」「自己開発」にも周囲の理解や支援が必要であることを考えれば、**リーダーたる者、質の高いコミュニケーションが不可欠**なのです。

そこで、「いま」「ここ」に注意を向けるマインドフルネスの基本をふだんの会話に取り入れ、目の前の相手の話に注意を向けるマインドフル・コミュニケーションを実践しましょう、というのが本章の目的です。

このマインドフル・コミュニケーションは研修で実践してもらうことが多いのですが、毎回、話をする側（＝話を聴いてもらう側）がとてもよい反応をしてくれます。

私がいまでも忘れられないのは、もう10年以上前にある企業で管理職研修を行った時のことです。その会社は全体的に保守的で、研修にも受け身な雰囲気が漂っていたのですが、5分ほど傾聴実習をした時、少しコワモテの課長さんが、話しながらポロポロと涙をこぼしはじめたのです。

誰かに話を聴いてもらうことは、それだけ心の澱をとる効果があるということです。

逆に、傾聴する側からすると、**相手の話に耳を傾けることは、それだけ相手の心を開かせる効果があるということです。**

グーグルにおけるSIYのトレーニングでも、話を聴いてもらうことで心が開放され、エネルギーが上がり、気づきを得た、と喜ぶ受講者がたくさんいるそうです。

同プログラムを世に送り出したグーグルの幹部であり、SIYLI[注02]の創設者であるメンさん[注03]も、**「話を聴いてあげることは、相手への最高のプレゼント」**だと語っています。

ここでは、マインドフル・コミュニケーションを次の3つの側面から解説していきます。

①マインドフル・リスニング（相手の話を聴く）
②マインドフル・トーク（自分の意思を伝える）

注02：３章147ページ参照。
注03：チャディー・メン・タン氏。詳しくは序章25ページ参照。

一つひとつ、順番にクリアしていくことで、あなたも必ずマインドフル・コミュニケーションを身につけることができるでしょう。

マインドフル・コミュニケーション①

マインドフル・リスニング

相手の話を命がけで聴く

コミュニケーションは、まず、相手の話に耳を傾けることからはじまります。

自分の吸う息、吐く息に注意を向け、それを丸ごと味わい尽くすように、目の前にいる相手のしぐさ、表情、ふっと漏らす吐息、そして紡ぎだされるひと言、ひと言に注意を向けるのです。

相手を大切に思い、その人のいうことに命がけで耳を傾ける。そういう態度で接していれば、相手も気持ちよく話ができるし、場合によっては、ふだんは口にしない本音を打ち明けてくれるかもしれません。これがマインドフル・リスニングのポイントです。

相手の話を命がけで聴くといっても、いきなり誰でもできるものではありません。特に、自分が話し好きの人、会話の途中で「間《ま》」があくと心配になってしまう人は、相手から思ったように言葉が出てこないと、自分から先に言葉を発してしまいがちです。そこはグッとこらえて相手の言葉を待つことができたとしても、頭の中は、自分のいいたいことや、相手への批判でいっぱいです。

話を聴く側がそんな状態では、相手は心を開いてはくれません。余計に黙り込んで、会話も途切れがちになってしまいます。

そんな時こそ、これまでのマインドフルネストレーニングが役に立つのです。

呼吸に注意を向けるという行為をプラクティスとして楽しみ、時には散歩をしながら身体の動きと一体になってみる。使う心の筋力は共通しているので、そうしたことに慣れ親しんでいると、比較的スムーズにマインドフル・リスニングに入っていけることでしょう。

どうしてもうまくできないという人は、誰かに練習相手になってもらって、ひたすら話を聴くトレーニングをするとよいでしょう。

すぐに実行できる工夫として、ちょっと場を変えてみるのもおすすめです。マインドフルネスの実践も「そこに行けばスイッチが入る」という場が大切ですが、マインドフル・リスニングでも、ここにいる時は全身全霊で話を聴くという場をつくると、うまくいきやすいものです。

社内に適切なスペースがあればそこを利用し、なければオフィスの近くにあるカフェや、少し時間に余裕があれば、ホテルのラウンジなども使い勝手がよいと思います。

私がよく企業経営者や幹部のみなさんに提案するのは、**「意図的に部下の話をしっかりと聴く場をつくる」**ということです。

大切なのは、**「not-knowing（無知の知＝私は知らない、ということを知っている）」**という姿勢です。「相手にこうあってほしい」とか「こんな結果を出してほしい」といった自分の希望や予測、意図をいったん手放して、相手のいうことを受け入れる。予断をもって話を聴くと、どうしても相手のいうことを否定したくなりがちなので、**「私は知らない、ことを知っている」**から**「教えてほしい」**という態度を貫くとよいでしょう。

練習で感覚がつかめてきたら、職場における日常的な会話で試してください。

前者が公式練習だとすると、職場での傾聴は本番に近い練習試合。両方を組み合わせて続けていくうちに、着実に聴く力は養われていきます。前よりも聴けている実感が出てきたら、少しずつ命がけの傾聴の時間を延ばしてみましょう。

話を聴きながら自分の心の声を聴く

慣れてきたら、少しだけハードルを上げます。

相手の話を聴きながら、自分自身の中で起こっていることも同時に観察してみるのです。たとえば、次のような具合です。

上司が部下の話をマインドフルに聴いている場面と仮定してみます。**（　）**内は上司の心の中でのつぶやきです。

部下「最近、どうも仕事に身が入らないんですよ」
上司「そうか、何か気になることでもあるの？」
部下「特に何がってわけではないのですが、いまの仕事、あまり向いていないのかもと思って」
上司「**（こいつ、何をいい出すんだ、こんな忙しい時に……）**うん、それで？」
部下「あの、チームワークもよくないように思いますし……」
上司「**（何？　チームワークを乱しているのは、おまえじゃないか）**……」

これがふつうの上司なら、部下の最後のひと言あたりで、マインドフルな傾聴のスイッチが自動的にオフになってしまうのではないでしょうか。こういう手ごわい部下がいると、マインドフルネスのカラータイマーは、ウルトラマンの3分よりずっと早く点滅してしまうのです。

しかし、ここで大事なことは、そのオフになりそうな自分自身の揺らぎを観察することです。**自分が何に執着しているのかを見る**のです。

相手の話を傾聴できるということは、いつも心が直立不動モードで「聴けている」ということではありません。特別な聖人君子でないかぎり、相手の発言からさまざまな影響を受け、心が揺れ動くのは、ある意味当然です。

「いま自分の胸がちょっとムカつきはじめたな」とか「心臓がドキッとしたぞ」という心の揺らぎは身体感覚としてそのまま受け入れ、「なんでこんなやつが部下なんだ」「こいつを採用したのはどこのどいつだ」といった思考や不満もしっかりキャッチしていきます。

心が揺れ動くこと自体は避けられません。

問題は、その揺らぎによって生じた感情が、次のふるまいを規定してしまいがちなことです。たとえば、「頭にきた→思わず説教する」とか、「予想外の話で過去の失敗を思い出した→目の前の相手から注意がそれる」といった具合です。

しかし、ただのムカつきひとつとってみても、それを「みぞおちのあたりがグワッ、グワッと引きつった」のように超クリアに認識できると、それを一時的な「経験」として客観視できるようになります。単純に「頭にきた」「怒った」だけではなく、**ひとつの「経験」として冷静にとらえられるようになると、次にとるべき行動の選択肢は広がります。**

そして、これこそ、マインドフルネスの実践に他なりません。

雑念を解放して、相手の言葉に注意を向ける

次に大事なことは、この**一時的な「経験」から芋づる式に出てくる思考のサイクルにはまらない**ことです。

「経験」に気づいたら、それを手放して「呼吸」に注意を向けるマインドフルネス瞑想と同じように、**相手の話に注意を戻す**のです。

もしそれが難しいと感じたら、吐く息とともに傾聴の邪魔をする情動や思考を放出していくイメージをもつとよいかもしれません。黒やグレーなど、その時のフィーリングに近い色の煙が出て行くのを想像するのもひとつの工夫です。

もしかすると、「まだモヤモヤ感が残っているなあ。ああ、なんて自分は人の話を聴けない人間なんだ」とか、「せっかくマインドフルネスを実践しているのに、ぜんぜん身についていないじゃないか」といった反省が浮かぶかもしれませんが、仮にそれが吐く息とともに解放されなくても、とりあえず相手に意識を戻すことを心がけてください。

マインドフルネスの実践全般についていえることですが、完璧にやろうとすると、どうしても力んでしまい、足を引っ張ってしまうことが多いようです。

たとえ、いまこの瞬間に、相手の話をきちんと聴けていない自分を感じたとしても、それにとらわれず、次の「いまこの瞬間」に注意を向け直せば、次に起こる自分の感覚は書き換えられていきます。〝とらわれ〟にとらわれる、のではなく、**〝とらわれ〟をいったん脇において心の秒針を進める**、というイメージでいきましょう。

相手の話を命がけで聴くマインドフル・リスニングは、相手を説得したい時や、自分の思い入れが強い時、相手の悩みを聴いて何らかの貢献をしたいと思っている時ほど、難易度が上がります。相手の話から影響を受けるだけではなく、「○○○を□□□したい」といった、自分があらかじめもっていた希望や意図にも、影響を受けてしまうからです。

相手の話を聴きながら、「なんで自分はこんなに戸惑っているのだろう」などと疑問が浮かぶことがあるかもしれません。また、自問自答がはじまって、「ああ、自分は相手によく思われたいから、こんなに戸惑っているのだな」のように、時には内的な対話（マインドトーク）に発展することもあるでしょう。

いずれにせよ、それにしっかりと気づいて、注意を相手に戻すこと。これが鉄則です。

マインドフル・コミュニケーション②

マインドフル・トーク

意図的にポジティブな言葉を使う

第1章で**ポジティビティが仕事のパフォーマンスに大きな影響を及ぼす**ことを紹介しました。[注04]呼吸に注意を向けるマインドフルネスの基本的なトレーニングは、ポジティビティを形成していくフォーマルな実践です。それに対して、ここでご紹介するコミュニケーションは、日常的なふるまいの中から同じ効果を上げていこうとするものです。

米国マサチューセッツ総合病院のハーバート・ベンソン博士らの研究では、一定の方法にしたがってポジティブな言葉を唱えるエクササイズを行えば、ストレスを軽減する遺伝子のスイッチがオンになることがわかりました。これには逆の側面もあって、たとえば「ＮＯ」という言葉は、ストレスを上げることが脳の解析によって明らかにされています。

注04：ポジティビティとは、穏やかで持続する快適な心理状態。詳しくは１章67ページ参照。

また、米国トーマス・ジェファーソン大学病院の脳神経学者アンドリュー・ニューバーグ氏らの著書『心をつなげる』（川田志津翻訳、東洋出版、２０１４年）には、次のような記述が見られます。[注05]

「ポジティブな言葉を、ある一定期間復唱し続けると他者への共感力がはぐくまれる。実際に最新の研究結果では、そのようなトレーニングによって、大脳新皮質の厚みが増し、闘争・逃走反応を引き起こす扁桃体を縮小させることが明らかになっている」

日本語を母国語とする私たちは日本語で検証する必要があるとはいえ、ネガティブな言葉は心身に好ましくない影響を及ぼしやすく、ポジティブなコミュニケーションは心身に好ましい影響を及ぼしやすい、ということが徐々に解明されてきたのです。

そこでマインドフルネスの傾聴をベースにして、意図的にポジティブな言葉を使って会話することを心がけてみてはどうでしょうか。

これは特に、ネガティブなモードが蔓延しているような職場でおすすめしたいアイデアです。

企業のコンサルティングや研修の現場で話を聞くと、「これなら実現できる」という前向きな意見や、「ここはよくできた」という肯定的な評価よりも、「ここに問題がある」と〝できない理由〟

注05：原題『WORDS CAN CHANGE YOUR BRAIN』（言葉は脳を変える）

を探したり、「ここが足りない」という否定的な評価を口にする人が多いケースがよくあるからです。

人間の脳は、ある種の表現や言葉を多用していると、その状態に慣れてしまいます。そのため、別の職場から異動してきたばかりの人が、そこで飛び交う刺々《とげとげ》しいやりとりに驚く一方、以前からそこにいる人たちはなんとも思っていない、ということが実際にあります。

ところが、慣れれば問題ないのかというと、そんなことはなく、ネガティブな言葉を自ら発したり、浴びたりし続ければ、ストレスに関連するホルモンが大量に分泌され、理性をつかさどる前頭葉に大きな影響を及ぼします。

結果として、コミュニケーション能力も低下し、悪循環に陥る可能性は小さくないのです。

マインドフル・トークで部下を導く

実際の会話例をもとにして、マインドフルネスの応用を考えていきましょう。

〈よくあるネガティブモードの会話〉

部下「課長、Ａ社への提案書の内容、ご確認いただけましたか」
上司「うん、確認したけどさあ、ちょっと商品説明がまわりくどいなあ」

部下「あ、申し訳ありません。先方の部長さんが突っ込みの厳しい方なので、できるだけ細かい説明を入れようと思いまして……」

上司「いや、そこが君の理解できてないところで、突っ込まれるのは細かい説明がないからじゃなくて、特徴が伝わっていないからだよ」

あまりパフォーマンスの上がっていない部下に対し、ここで上司がいっていることはもっともです。しかし、**仕事ができないうえに上司からダメ出しを受け続ける部下は、ますます理性を発揮できなくなる危険性がある。**これが、脳のしくみから見た懸念事項です。

では、仕事のできない部下を相手にしなくてはならない上司が、マインドフルに関わるとどうなるか。

次の例を見てみましょう。

〈部下のポジティビティを引き上げる会話〉

部下「課長、A社への提案書の内容、ご確認いただけましたか」

上司「うん、確認したよ。商品説明のポイントを絞れば、グッとよくなると思うよ」

部下「はい、ありがとうございます。先方の部長さんが突っ込みの厳しい方なので、できるだけ細かい説明を入れようと思いまして……」

上司「しかしここで大事なことは、相手が何を知りたいのかを吟味することじゃないかな」

こちらの上司は、仕事の要領をつかめていないなりにがんばっている部下の心情を汲み取り、そのうえで、何をするべきかを建設的に伝えています。

マインドフルネスの実践を通して養われてくる**「思いやり（コンパッション）」**[注06]が反映されているのです。

ただ、中には、ポジティブというと過剰に楽天的になることだと勘違いしている人がいますが、それは明らかに逆効果です。つくり笑顔で心とは裏腹なことを口にされると、聴く側の気持ちはどんどん離れていきます。人間は、言葉と表情の不一致を読み取る能力を、自分で認識している以上にもっているのです。

要するに、**表面的に取り繕っても、たいていは見破られる**ということです。

〈似非ポジティブな勘違い上司の対応〉

部下「課長、A社への提案書の内容、ご確認いただけましたか」

上司「うん、確認したよ……。とってもよくできていると思うよ……」

部下「そ、そうですか、よかったです……」

注06：コンパッションについては、6章250ページ参照。

上司「……あと、商品説明のところのポイントを明確にしたら、完璧じゃないかな」

この場合、部下は本音のやりとりができないことを察知して戸惑うか、本当に〝あと一歩〟まできていると勘違いしてしまうか、どちらかの可能性が高いでしょう。

わかりやすくするために、かなり誇張して表現していますが、最近増えているという「部下を叱れない上司」の中には、こういう似非ポジティブなモードの人もいます。

マインドフル・トーク実践の4つのポイント

4章で、書くマインドフルネス「ジャーナリング」のやり方とその効用について述べましたが[注07]、この理論は会話にも応用できます。意識的に話すスピードを落とし、自分の身体・感情・思考の「いまこの瞬間」を観察しながら、短い言葉で伝えます。

マインドフル・トークの実践について、すぐにトライできる4つの実践ポイントをまとめてみましょう。

①の観察は、マインドフルネス実践全般の心得と同じです。

②の瞬間的な自問は、その場面における大切な意図を外さず、**「いまこの瞬間」の相手と自分の**

注07：「ジャーナリング」について詳しくは4章188ページ参照。

マインドフル・トーク実践の４つのポイント

ポイント①
自分からわき起こってくるものを観察する

ポイント②
いま、ここで伝えるべきことかと自問する

ポイント③
ゆっくり、簡潔に伝える

ポイント④
相手に注意を戻す

関係性をとらえ、そこから直感を働かせる行為と位置づけられます。

ベストセラー『ビジョナリー・カンパニー』（日経BP社）シリーズ[注08]で知られるリーダーシップ論の第一人者ジム・コリンズ氏が、かつて「最高レベルのリーダーシップを発揮してきた人」としてセミナーの壇上で紹介したのが、ドラッカー財団初代プレジデントのフランシス・ヘッセルバイン女史でした。ドラッカー財団の代表に就く前は、全米ガールスカウト協会の代表として、組織再建の立役者になったことでも有名です。

コリンズ氏のインタビューを受けながら、彼女もまたリーダーシップにおける「聴くことの大切さ」を力説していました。そして自分から話しかけたいと思った瞬間、一度踏みとどまり、**「これは本当に話すべきことか」**

注08：ジム・コリンズ氏らがアメリカの優良企業を中心に徹底的に調査、ライバル社と比較し、企業永続の原理を解明した世界的ベストセラーシリーズ。本書刊行時点において、シリーズ第４作まで刊行されている。

と自問することが大事だと強調していました。

続いて、③の**「ゆっくり、簡潔に」**。

マインドフル・トークの実践は、相手と自分の双方にマインドフルネスの好循環をつくります。ゆっくり、簡潔に話すことで、お互いが会話で飛び交う情報を認知しやすいからです。

ゆっくり話すと時間がかかりますが、この時間を制限することも大切です。

なお、通訳者がメモと記憶によって留められる会話時間は、30秒が目安とされています。かつて私が駆け出しの記者時代、米国企業の経営者に通訳を介して取材した時、何度も「待って、待って」と通訳の方に話を止められた経験があります。それ以来、通訳をお願いしなければならない場面では、意識的に会話のスピードを落とし、話す時間も制限するようになりました。いま思えば、そこにマインドフル・トークのヒントがあったのです。

ゆっくり短時間で話を区切れば、その分、届けられる情報量は減ります。**しかし少ないと感じるくらいがちょうどいい**のです。

人間はコンピュータではないので、短期間の作業記憶（ワーキングメモリ）には限界があります。スティーブン・R・コヴィー博士の『7つの習慣』（フランクリン・コヴィー・ジャパン翻訳、キングベアー出版、完訳版2014年）という自己啓発書の大ベストセラーがありますが、あれがもし『20の習慣』だったら、あそこまで多くの読者に支持されることはなかったかもしれません。

ただし、記憶する情報のかたまりとして、7個というのは最適な数というより、上限と考えるのが妥当のようです。個人差はあるものの、語呂合わせなどで関連づけられたかたまりとして覚えられるのは7個程度ですが、そうした記憶を助けるものがない場合は、**覚えられる上限は3〜5個**だという研究報告が、21世紀に入ってから発表されています。

日本語には**「間《ま》」**というすばらしい言葉があります。

30秒を目安にトークの間《ま》をとりながら、伝えたいことをひとつにしぼって、ゆっくりと話す。トータルでは30分、1時間と続く会話でも、伝える情報のかたまりは5個以内。比較的記憶しやすい内容でも最大7個。これを目安にすることで、コミュニケーションの質を高めることができるでしょう。


最後の④は、自分の発言内容に対する自己評価や判断が生まれ、それがマインドフルな状態を遠ざけてしまうことへの警鐘です。

「イメージしていたとおりにいえなかった」「ちょっと言葉足らずだったかも」「いいすぎたかな」といった自己評価や判断は常につきまといます。それを**いったん保留して、移ろいゆく時間の中で唯一コントロールできる「いま」に焦点を当て直す**のです。

言葉を発する前にいったん停止する

会話のしかたに迷った時は、マインドフルネスの原点に戻って、もう一度「自分の心の声を聴く」ことを思い出してください。

大事なのは、いまこの瞬間、自分に起きていることを観察することでした。そして「胸がザワザワする」といったフィーリングや、「無理しているな」といった思考が湧き起こったら、吐く息とともに解放していきます。

そしてふたたび、相手のほうへ注意を向けます。**いつでもどこでも、吐く息とともにリセット**すればいいのです。

心地よい会話をしている時も、**〝いったん停止〟**が役に立ちます。

たとえば、魅力的な仕事のオファーを受けたとしましょう。途端にウキウキして饒舌になり、言葉が上滑りしそうになります。こんな時は知識不足を露呈してとんだ失言をしてしまう、といったことが起こりがち。突然やってきたチャンスを目の前に、「ウキウキ」という経験が「ウキウキと浮き足立った自分」に変質してしまうのです。

「おいしい話には裏がある」といわれるように、海千山千の相手の罠にハマらず、交渉を優位に乗り切るためにも、吐く息とともにいったんリセットして、冷静な自分を取り戻しましょう。

仮に、いま自分が経験しているのが「相手に対する不安感」だとすれば、そこにマインドフルな実践の手がかりがあります。不安という「いま、ここにある心の経験」を見つめず、相手の言葉にただ条件反射的に反応していると、時には相手の巧みな弁舌に乗せられ、どんどん術中にはまっていくことになります。だからこそ、**いったん立ち止まって深呼吸し、心からわき起こってくる「いまこの瞬間」を言葉にする**のです。

たとえば、こんな感じです。

「あの、とてもよいお話なのですが、あまりに突然のことで不安があります」

けっしてマニュアル的な表現を推奨しているのではありません。**「心から出てきたことだけを短い言葉（文章にすれば1～2行）で伝える」**という、原則をお伝えしたいのです。

これはマインドフルに聴く行為（マインドフル・リスニング）とセットになった、マインドフルに話す行為（マインドフル・トーク）といってよいでしょう。

上司が部下をほめたい、プレゼンテーションで顧客を説得したい、誰かの意見について反論を述べたい。そういう「話したい」という気持ちが湧き起こっている時、脳の中では扁桃体が活性化しています。

好きか嫌いか、快か不快かといった感情をつくり出し、海馬にそれを記憶させる信号を送ります。

そんな時は、**扁桃体のなすがままにしておくのは危険**です。人によってはしゃべりすぎたり、一方通行で主張することばかりに夢中になって相手の様子を観察できない、といった問題が起きやすくなります。

だからこそ、言葉を発する前にいったん停止することが重要なのです。

マインドフル・コミュニケーション③
価値観をめぐる対話

本質的な価値を深堀りして言語化する

マインドフル・トークの原則を押さえたところで、次はそれを用いて何を話すかという中身に入っていきましょう。

自分の価値観を探求したり、他者と話し合ったりする機会というのは、欧米の学校やビジネススクールではごく一般的なのですが、日本ではあまり行われていません。私たちもＳＩＹなどのセミナーやコーチングを通して、価値観の探求が苦手な日本社会を実感しています。

しかし、この価値観を探り、さまざまな葛藤や気づきとともに、それを言語化していくプロセスは、社会や組織に大きなインパクトを与えるのです。

さまざまな研究が行われ、企業経営の現場でも、価値観を探求する取組みが「人」と「組織」を健全にすることが実証されています。

「価値観の探求が人を健康にする」とは、どういうことでしょうか。

ＵＣＬＡにおける研究では、自分の価値観を内省することを通して、神経の内分泌機能が向上して心理的ストレスが緩和されると報告されています。また、ミズーリ大学の心理学者たちの研究では、慢性疼痛《とうつう》を抱える患者の治療計画で、価値観を探るエクササイズを所定の方法で実施すると、痛みに対する耐性の改善が見られたとされています。

一方、企業経営においては、**「コンシャス・ビジネス（conscious business）」**という概念が注目されています。ここでいう「コンシャス」は**現実を正しくとらえ、自分の内側の世界と外側の世界の両方に敏感になれる意志力**のことで、**思い込みや通念的な価値観に流されず、しっかり本質に意識を向ける**ことと定義されています。[注09]

誰もが意志をもって働いているように見えるかもしれません。

しかし「コンシャス」が意味するのは、何層も重なった表面の皮を剥がした物事の本質です。

注09：参考『コンシャス・ビジネス』フレッド・コフマン著、増田沙奈翻訳、駒草出版、2014年

「いま私たちの世界で何が起きているのか」
「その中で私が所属する組織は何を使命とするのか」
「私自身の特性はどのようなもので、本当は何によって動機づけられるのか」

これらを徹底的に探求する姿勢こそが「コンシャス」なのです。

経済活動が活発になるほど地球環境に蓄積されるダメージや、迫り来る資源（化石燃料のみならず、森林・海洋・生物多様性なども含む天然のリソース）枯渇の問題など、目の前の目標を超えたところに意識を向けないと、これからのビジネスは持続できません。それが「コンシャス」を必要とする背景にあり、私たちは与えられた価値観を脱ぎ捨てて、目覚めていく必要があると考えられます。

深い気づきをもって言語化し、それを他者と共有することで、新たな関係性が築かれ、新しい知恵が生まれる――マインドフルな会話に秘められた可能性の真髄が、ここにあるのではないでしょうか。

対話の前に、心地よい状態をつくる

価値観の探求というのは、慣れているはずの欧米人でも簡単なことではありません。

表面的に言葉を並べるだけなら簡単でも、自分の深いところにたどり着くためには、心身を整える必要があります。世界のビジネススクールでマインドフルネスのプログラム導入が増えている背景には、こんな理由もあるのです。

マインドフルネスと価値観をめぐる対話の関係においても、前者をＯＳ、後者をアプリケーションにたとえることができます。**心身がくつろいだ状態で十分なポジティビティが維持されている時**（マインドフルな状態の時）、**自分のリソースを十分に活用した創造的なアウトプット**（価値観をめぐる対話）**が可能になる**からです。

価値観を探求するには、心の中のブロックを外していかなければなりません。出来合いのワークシートやフレームワークを使って「ビジョン策定合宿」などを行ってもたいした成果が得られないのは、オフィスでの日常モードのまま〝作業〟を続けているからです。ですから、ビジョンをつくる、アクションプランに落とし込むといった実際の〝作業〟に入る前に、心身の相関を踏まえて自分を最適化する、つまり、**「落ち着いた心地よい状態」をつくるのが先決**なのです。

問題は、落ち着いた心地よい状態を速やかにつくる術を、多くの人が自覚していないことです。「知らない」のではなく「自覚していない」のです。

少し身体を動かす、何もしない静かなひと時をもつ、少し慣れてきたら呼吸に注意を向けてみる……。たったそれだけのことで、仕事に追われて張り詰めていた気持ちが解放され、どこか充ち足りてくるのがわかります。

そのモードで話し合えば、ありふれた問いでも、出てくる答えは違ってくるのです。さらに、いつしか出される問いそのものが、いつもとは違ったものになってきます。

ここから紹介していくのは、既に完成した固定的なプログラムではありません。

私たちの経験を踏まえつつ、マインドフルネスを基盤とする会話の可能性を広げていくためのアイデアを、みなさんと共有したいと思います。

［ステップ①］準備——自分の心を整える

価値観をめぐる対話は、ペアをつくって行います。ここでは便宜上、AさんとBさんとして説明します。

ペアワークに入る前に、お互いの準備を整えます。

それぞれイスに腰掛けて、身体が最も安定する姿勢を探します。上半身を前後左右に動かして、その時のコンディションで、いちばん無理なく心地よく座れるポジションを見つけましょう。マインドフルネス瞑想の基本[注10]と同じ要領です。

姿勢が整ったら、軽く目を閉じて、吸い込む息とともに注意を呼吸に集中させます。そして次に、

注10：3章135ページ参照。

吐く息とともに呼吸が身体全体に浸透していくのを感じていきます。これを自分のペースで数回繰り返してみましょう。

さらに呼吸を数回続けながら、両足が大地に（床に）しっかりと着いていて、また大地（床）がしっかりと自分を支えてくれていることに気づきます。

ここではいちばん手軽にできるものとして、呼吸を使って準備する方法をご紹介しました。これだけでは不十分だと思われる場合は、その前に少し身体を動かし、そのあと数分くらいマインドフルネス瞑想をしてから取りくむのがよいでしょう。

［ステップ②］心の火種について語る

では、Ａさんが話し手となり、Ｂさんがガイド役（Ａさん自身の探求を手伝う役）として、次の問いを読み上げます。

「あなたが仕事をしていくうえで、また生きていくうえで、最も大切にしたいと思っていることはなんですか。それについての答えが明確であれ、不明確であれ、まったく問題ありません。いまこの瞬間に、このことについて心の底からわき起こるように出てくることを、どんなことでもいいので自由に話してください」

Aさんはマインドフル・トークの要領で話します。

Aさんの言葉がうまく出てこなかったら、ガイド役のBさんも一緒に沈黙の時間を味わいましょう。そしてまた何か浮かんできたら、Aさんはそれを話してください。

ここで語るのは、会社ではなく自分のことです。

これはとても大事なポイントです。

会社の鎧《よろい》を脱ぎ捨て、素の自分にとっての価値観は何かを問うことが大事なのです。くつろいで目の前の問いに注意を向けている自分、これが自分だという気づき。それがあってこそ、無意識のうちに会社に適応して生きている自分の〝殻〟を脱ぎ去ることができます。

どんなにワークショップの流れを整え、さまざまなツールを使って価値観を探ろうとしても、会社で演じている自分のままでは、出てくるのは、「地域住民の食生活を支える」「子どもたち一人ひとりの成長を大事にする」「顧客の安心と安全にコミットする」といった、当たり障りのない言葉ばかり。

自分に対する気づきが不十分な〝マインドレス〟モードの状態だからです。

あくまでも会社ではなく自分自身の問題として、よいことをいわなければいけないといったプレッシャーなど一切気にせず真実のストーリーを語り合う。それは**外にある目標を追いかけるのをやめて、あまり気に留めてこなかった自分の中にある「心の火種」を思い出す**ことです。

話し手も聴き手も単に言葉を追うのではなく、**対話が自分の身体にどのように響いているか、自分の（相手の）発する言葉と身体の反応との相関性に注意を向けていきます。**

これは以降のステップにおいても同様です。

話が収束した段階で、ふたたび最初と同じ要領で、ごく短時間のマインドフルネス瞑想をふたりで行います（吸う息と吐く息を合わせて1回として3回〜数回程度）。

Bさんはふたたび先のメッセージの質問の部分のみを繰り返します。それに対するAさんの答え方、留意点は前のプロセスと同じです。

「あなたが仕事をしていくうえで、また生きていくうえで、最も大切にしたいと思っていることはなんですか」

ふたたびAさんは、言葉が浮かんできたらマインドフル・トークで話します。

先ほどとまったく違う答えが出てくる場合もあります。同じ話を繰り返すこともあれば、それ以上は出てこないこともあるでしょう。

すべて「いま」「ここ」で起きることに委ねます。

途中で何か居心地が悪くなったり、落ち着きたいと思ったりしたら、そのつど呼吸に注意を戻すようにします。

ガイド役のBさんは、ここでは特にリードする必要はありません。Aさんの意向にしたがいます。ただし、この実習の経験を積んでいけば、相手を的確にリードすることもできるようになります。

10分を目安に、Aさんの話が収束するごとにBさんは同じ問いを投げかけ、Aさんが話し終えたら呼吸に戻るという作業を繰り返します。

10分が経過したら役割を交替して、同じワークを行います。

[ステップ③]チームの価値を考える

ふたたびAさんが話し手となり、ガイド役のBさんが次の問いを読み上げます。

「あなたの会社（またはチームや組織）が社会でなくてはならない存在であるとしたら、それはどんな役割を担っているからでしょう。あるいは、どんな役割を担うことができると、社会でなくてはならない存在になれるのでしょう。それについての答えが明確であれ、不明確であれ、まったく問題ありません。いまこの瞬間に、このことについて心の底からわき起こるように出てくることを、どんなことでもいいので自由に話してください」

Ａさんはマインドフル・トークの要領で話します。

Ａさんの言葉がうまく出てこなかったら、ガイド役のＢさんも一緒に沈黙の時間を味わいましょう。そしてまた何か浮かんできたら、Ａさんはそれを話してください。

あとはステップ②と同じ要領で10分間を目安に対話を行い、その後、役割を交替して同じワークを続けます。

［ステップ④］エンゲージ（価値を接続する）

またＡさんが話し手となり、ガイド役のＢさんが次の問いを読み上げます。

「あなた自身が生涯にわたって大切にしていきたいことは、いま考えられるかぎりにおいて、最も崇高な会社（またはチームや組織）の価値と、どのようにつながっていますか。あるいは、何をどのようにつなげていきたいですか。それについての答えが明確であれ、不明確であれ、まったく問題ありません。いまこの瞬間に、このことについて心の底からわき起こるように出てくることを、どんなことでもいいので自由に話してください」

Ａさんはマインドフル・トークの要領で話します。

Aさんの言葉がうまく出てこなかったら、ガイド役のBさんも一緒に沈黙の時間を味わいましょう。そしてまた何か浮かんできたら、Aさんはそれを話してください。

あとはステップ②やステップ③と同じ要領で10分間を目安に対話を行い、その後、役割を交替して同じワークを続けます。

ステップ②~ステップ④の対話は、段階的に時間を分けて行っても、順を追って一気に行ってもかまいません。

何度も繰り返しているうちに、あるいは、違う相手とペアになって異なる化学反応が起きることで、さまざまな気づきが生まれてきます。

本来、自分と会社、そしてその先にある社会は、相互に影響を及ぼし合うひとつのシステム、有機体のような存在といえます。そして、**個人と組織のエンゲージメント**[注11]**は、個人にとっても、組織にとっても、パフォーマンス向上のカギを握ります。**

そうである以上、両者の価値観の接続は不可欠のテーマとなります。

しかし、実際には、組織が大きくなると、各機能が部分最適化して、会社全体の価値観と部門、チームの価値観の乖離が生じます。

また、会社全体として掲げているものが組織の末端まで届かず、自分たちはなんのために働いて

注11：一人ひとりが組織と気持ちのうえでのつながりを感じながら仕事に取りくめる状態。

いるのか、わからなくなることもあるでしょう。

その結果、もともと自分がひとりの人間として大切にしていきたいと思っていることが、会社やチームという「生きていくためのフィールド」における価値観と、どうつながっているのかが見えなくなり、いつしかそこに齟齬が生じていても疑問を抱かなくなってしまうのです。

こうしたシステム＝有機体としての個人と組織の関係性を見通す意思を強くもち、**一人ひとりの自律と成長、個人や特定組織のエゴを超えた目的に気づいていく**あり方こそ、先ほど紹介した**「コンシャス・ビジネス」**そのものです。

そして、この「コンシャス・ビジネス」がマインドフルネスというビジネスシーンのムーブメントと重なり合って、会社を変えるカギになると私たちは考えています。

マインドフル・カンパニーを目指す

チームで行うマインドフルネス瞑想

ここまで紹介してきたワークや対話を通じて、個人やチーム、組織全体が相互に影響を及ぼし合い、新しい大海の流れを生み出していきます。

これを単なる組織変革ごっこで終わらせず、真にマインドフルな組織に生まれ変わるためには、身体感覚に落とし込むことが肝心です。よくも悪くも「人間は感情の生き物」ですが、感情とは生身の身体で味わう「経験」でもあります。この身体的リアリティが、私たちの分かちがたい関係性への気づきをうながします。

そこで、さらに一歩進んだ段階として、一人ひとりの身体感覚という「今、ここ」にあるリアルなものを活かして、チームや組織を実感してみます。それが次に紹介するマインドフルネス瞑想です。

智慧は未来をもたらす

マインドフルな会話とは、**内なる気づきとともにある語らい**です。

そんな言葉が、ここまで本章を書いてきた私の心に、まさにマインドフルに浮かんできました。

日頃、多くのビジネスピープルは、さまざまなことを気にかけながら、知らないうちに過去に引きずられ、未来に不安を抱きながら、気力を振り絞って仕事にのぞんでいます。

チームで行うマインドフルネス瞑想の手順

ステップ①	「価値観をめぐる対話」のステップ①（準備――自分の心を整える）の要領で、呼吸に注意を向けていく（3分間）

↓

ステップ②	チームメンバーの命を支える呼吸が、自分の呼吸とともにあることに気づきながら呼吸に注意を向けていく（3分間）

↓

ステップ③	ともにある呼吸を少しずつ組織全体に広げていき、組織の仲間全員の命と呼吸がともにあることをイメージしながら、呼吸に注意を向けていく（3分間）

↓

ステップ④	組織を構成するメンバー全員の呼吸が、地球に包まれていることをイメージする そして地球上の生きとし生けるものとともにある呼吸に注意を向けていく（3分間）

↓

ステップ⑤	すべてがひとつになった呼吸を味わい尽くす 難しいと感じたら、無理をせず、自分の呼吸に注意を向けるだけでOK（3分間）

↓

ステップ⑥	この実践で得たよきもの（それが何であれ）を、この世界に返していくことを意図しながら数回、呼吸をしてこの実践を終える

そこで戦うためのリソースは、身につけてきた知識やスキル、そしてＩＴ端末経由で24時間フル稼働でキャッチできる情報です。そこで飛び交うセンセーショナルな情報、あの手この手でこちらの気を引こうとするキャッチーな見出し、習慣化して柔軟性を失った思考パターン、自分の関心領域だけやたらに貯めこまれた記憶……。こうした情報は、じつは、私たちを束縛しているのかもしれません。

ネイティブアメリカン、ラムビー族が遺した次のような言葉があります。

「知識ではなく、智慧を求めよ。知識は産物だが、智慧は未来をもたらす」

作為的にひねり出された「知識」ではなく、「智慧」はもっと有機的に現れてきます。そうした「智慧」こそ、変動的で、不確かで、複雑性が高く、問題の所在さえ曖昧なＶＵＣＡワールドを生きるリーダーに求められているのです。

「いかなる問題も、それをつくりだした時と同じ意識によって解決することはできない」

これはアインシュタインの有名な言葉です。

私が組織開発に携わりはじめてから、たくさんの本で目にし、さまざまな講演で耳にしました。それでもあえてここに引用したのは、意識を更新するきっかけがマインドフルネスにあり、マインドフルな会話が、そこから紡ぎ出される智恵の源泉になると思うからです。

中学生のころ、夏休みのキャンプで仲間たちと輪になり、火を囲んだ夜の感触がいまでも鮮明に残っています。そう、なぜか「感覚」というより、私の場合は「感触」なのです。

昼の日差しに火照った肌を和らげてくれる涼やかさ、はじめて味わう火の不思議な高揚感。体育座りで砂利がお尻にあたるザラツキ。ふだんはちょっと怖い部活の先輩、あまり会話することのない後輩、名前を覚えたばかりの他校の生徒たち。

ふつうならば幾層もの目に見えない壁があるはずの関係が、満天の星空のもとでひとつに解け合った、あの感触。あの時、そこで何を話したかは憶えていないけれど、たしかに「いま」「ここ」に自分がいたような気がします。

いつしか私たちは、そんな感触を昔の古い記憶の１ページにしまい込んで生きてきたのかもしれません。

しかし、あの火を囲んで立ち上がってくるマインドフルネスが、世界のあちこちで、またさまざまな職場において、悠久の封印を解かれるのを待っている――そんな気がしてならないのです。

第６章

自分をリードする生き方

マインドフル・リーダーシップ入門

Mindfulness

リーダーはなぜマインドフルネスであるべきなのか？

マインドフルネスはビジネスピープルの万能薬ではない

いま、ビジネスシーンにおけるマインドフルネスの効用について、その主な発信源である米国で関心と同時に誤解も広がりつつあるようです。たとえば、こんな感じです。

マインドフルネスの実践を通じて脳をアップデートすることは、どうやら仕事のパフォーマンスをあげるのに役立つようだ。どんな状況に遭遇しても、常に自分を最適化できるスキルを身につければ、激しい競争に打ち勝つための武器になる。ぜひとも、はじめなければ――。

役に立つと思えば何でも活用して結果を出そうとする、アグレッシブな米国らしい発想なのですが、ちょっと待ってください。

たしかに、マインドフルネスには、精神を安定させ、集中力を持続させ、コミュニケーション力をアップし、ショッキングな出来事に遭遇してもいち早く立ち直るレジリエンスを養う力があります。しかし、もしもマインドフルネスの実践がエゴに駆られたものになると、一時的な効果は期待できても長続きはしません。

マインドフルネスは、もっと稼ぐため、もっと効率よく働くためのものなのでしょうか。

もしも、そうした目的のためにマインドフルネスを高めようと思っているのであれば、どこかの段階で大きなカベにぶつかるはずです。本来のマインドフルネスは、そのような限定的な目的のためのものではないからです。

現在のマインドフルネスの潮流を導いたリーダーのひとり、ジョン・カバット・ジン博士（25ページ参照）は、2015年年頭に受けたインタビューで、マインドフルネスの最新の定義を次のように語っています[注01]。

「私の使っているマインドフルネスの定義は、『意図的に、批判・判断なく、注意をいまこの瞬間に向けることで浮かんでくる意識状態』だ。『自己認識と叡智をうながす意識状態』と加えることもある」

私たちが注目しているのは、後半に**「自己認識と叡智をうながす」**という定義が加えられたことです。ここからは、「いま」「ここ」にオープンに意識を向けさえすれば、マインドフルネスをなんにでも使ってよいというところから一歩進んで、より人間としてのあるべき姿、本質的なところに

注01：マインドフルネス関連情報をまとめたwebサイト「mindful.org」内の「Jon Kabat-Zinn Video Series on Mindful.org」より。

目を向け、善なる方向にマインドフルネスを深めようとする意図がくみ取れます。

カバット・ジン博士の発言は、マインドフルネスが実社会に急速に広がるにつれて、さまざまな悪用や誤用の恐れが高まっていることへの警鐘にも感じられます。

マインドフルなテロリストは存在するか？

ここで、もしもテロリストの養成にマインドフルネスの考え方が取り入れられたら、はたして効果を発揮するか、という問いを立ててみましょう（もしくはテロリストを、軍隊における兵士と置き換えてもよいでしょう）。

事実、米国軍はフロリダ大学と提携して、一部の兵士に対して、ＰＴＳＤ（トラウマによるストレス障害）の予防のために、マインドフルネスのプログラムを実施しています。

それもあって、米国では、兵士が戦場での集中力やレジリエンス（立ち直る力）を高めるために、マインドフルネスを利用したらどうなるか。もっと突っ込んだ表現をすると、マインドフルネスが、ＰＴＳＤの予防目的ではなく、殺戮のために使われる危険性はないのか、という議論が出てきています。

これは、**「マインドフルネスとは何か」「マインドフル・リーダーシップとは何か」「なんのためにあるのか」**という根幹にも関わってくる問題です。

だからこそ、いったんマインドフルネスの原点に戻って考えてみたいのです。

本当にマインドフルな状態とは、「いま」「ここ」にしっかり注意を向けて、心に浮かぶことを変えようとせず、あるがままに受け入れながら見つめること。さらに、先ほどのカバット・ジン博士の言葉を借りれば、その状態を通して深い自己認識と叡智が生まれてくる、ということです。

では、テロリストはどうでしょうか。

特定の目的のために意識を集中させるというのは、彼らも行っていることでしょう。だとすると、マインドフルネスによって、その効果が高まりそうな気もします。

しかし、テロリストの内面で起きているはずの別のことにも目を向けなくてはなりません。ひとつの目的に向かって狂信的に突き進む過程では、その行動を邪魔する思考や感情がブロックされます。あまりに思慮深くなりすぎると、命のやり取りに勝つことはできないためです。

もしもあなたが戦場にいる兵士だったら、余計な思考や感情を排除して、ある程度、自分の中に盲目的な状態をつくり出さなければ、敵を倒すために全力を傾けることはできません。そこにあるのは、本来の自己認識ではなく、強力なバイアスのかかった、ゆがんだ自己像です。

このような状態で一時的にブロックされた思考や感情は、トラウマ、ストレス、依存症などの引き金になることが多いのです。

そのリスクに目を背けて（あるいは気づかずに）心の動きを自分の都合のよいようにコントロー

ルすることと、思考や感情を排除せず、ありのままに受け入れて観察するマインドフルネスは、もともとまったく別なものです。

ビジネスの世界におけるマインドフルなリーダーたち（マインドフル・リーダー）は、経済的な利益をあげるために、手段を選ばない人ではありません。

本来の趣旨からいっても、自分や相手の心の動きを都合よく操作できる人ではあり得ないのです。地球環境が危機を迎えつつあり、自分の仕事に心を込められず、心身に不調をきたす人が増えているような状況で、**ただ自分の利益をひたすら追い求めるようなマインドフル・リーダーは存在しようがない**のです。

本物のマインドフル・リーダーシップとは？

ごまかしの効かない自己認識

ここまでの話は、「そんなリーダーをマインドフル・リーダーとは呼ばせない」という精神論的な主義主張ではありません。

米国、西洋社会における禅とマインドフルネスの指導者として高名なノーマン・フィッシャー老師[注02]は、**「人間の本質や存続にかかわる価値を無視する、あるいは脅かす活動は、マインドフルになればなるほどできなくなる」**と語っています。

これこそが「気づきの深まり」の冷静な見解ではないでしょうか。

注意力を高めるトレーニングとして、気軽にマインドフルネスの実践をはじめることは、とてもよいことです。

ただ、トレーニングをする過程で、その時々に心に起きることをオープンに受け入れ、観察し続けると、やがて自分が本当に大切にしている価値観や命の尊さに気づき、それを無視したり、ごまかしたりすることはできなくなっていきます。それがまさに、カバット・ジン博士のいう「自己認識と叡智をうながす」ことなのです。

したがって、マインドフル・リーダーとは、日々のマインドフルネスの実践からつかんだ深い洞察力と自己認識を通じて、**自己・組織・環境にとって何が大切かを知る人**といえます。そして、その大切なことを、**日々の行動を通じて表現し続ける人**でもあるのです。

ここでいう「大切なこと」は深い自己認識にもとづいていますから、メディアなどに影響されたた

注02：僧侶・詩人、サンフランシスコのベイエリアに本部を置くEveryday Zen Center創設者、西洋仏教でもっとも歴史が古く規模の大きいサンフランシスコ禅センターで、1995年から2000年まで共同住職を務めた。

ものや、誰かからのお仕着せとは違います。小さなエゴを超えたところにある本当の意味での自分の存在価値、自分の資質に気づき、そこに根ざしたものであるはずです。

そのため、**困難に直面しても軸は揺るがず、かといって特定の理想像に過度に執着することもなく、しなやかに、そして軽やかに、VUCAワールドを渡り歩いていける心の持ちよう**——それがマインドフル・リーダーの条件だといえるでしょう。

マインドフル・リーダーのための「3つの質問」

しかしながら、まだマインドフル・リーダーについての共通の定義はありません。そこで、これまで私たちが観察してきたマインドフル・リーダーと呼びたい人の共通点を挙げておきましょう。

マインドフル・リーダーは、次のような人を指します。

- **深い洞察力と自己認識をもつ**
- **無知の知（知らない、ということを知っている）を受け入れる謙虚さと好奇心をもつ**
- **自己の価値観と外部（組織、社会）に向けて果たすべきことを統合する**
- **強い信念と軽やかさをあわせもつ**
- **ビジョナリーで天命に生きるが、固執しない**

私がＳＩＹの10カ月間にわたる講師養成プログラムに参加していた時、創設者であるメンさんが、「ＳＩＹ講師に求めること」という内容で示してくれた次の講話にも、マインドフル・リーダーのエッセンスが凝縮されていると思うのでご紹介します。

トルストイの短編小説に『３つの質問』というのがあります。

それは、王が国政を運営するにあたり、常に直面していた３つの質問。これが賢者をつくる、というのです。

王の３つの質問とは、次のとおり。

- **最も大切な時はいつか？**
- **最も大切な人は誰か？**
- **最も大切な仕事は何か？**

これは、私にとっては「ＳＩＹの認定講師としての３つの質問」に置き換えられ、また生きるうえで常に問うべき重要な質問だと感じました。

そして、これらの質問の答えは、とてもシンプルながら、まさにマインドフル・リーダーとして生きることを表現しているのです。

・最も大切な時はいつか？　それは、いま
・最も大切な人は誰か？　それは、いまあなたの目の前にいる人（誰もいなければあなた自身）
・最も大切な仕事は何か？　それは、その人に対してベストを尽くして貢献すること

本物のリーダーは、矛盾やモヤモヤを抱えながら生きていく

それでは、次のような質問はいかがでしょうか。

・マインドフル・リーダーだったらリストラはしない？
・マインドフル・リーダーは業績のあがらない部下を減給することはない？
・マインドフル・リーダーならば人を叱責することもない？

私の答えは「ノー」です。

・マインドフル・リーダーは業績アップにこだわらない？
・マインドフル・リーダーは株式公開になど興味がない？
・マインドフル・リーダーはライバル企業にシェアを奪われても悠然としている？

これらも「ノー」です。

私たちの師匠で、ＳＩＹＬＩ[注03]のＣＥＯにして禅僧でもあるマーク・レサー氏は、**「道を学ぶということは、ふつうに生きること」**と語っています。

マインドフル・リーダーは、いつも爽やかで悩みがなく、心は常にカリフォルニアの青い空……などということは、けっしてありません。

たとえ曇り空であっても、雨が降り出し嵐になっても——それがふつうの人生なのですが——、そのことに気づき、必要な措置を講じ、批判も甘んじて受け入れる人、変化し続ける世界を受け入れ、「いま」「ここ」を大切に生きる人、雷鳴の轟く日であっても、雲の上に隠れている広大な青空の存在に気づきながら生きる人、それが真のマインドフル・リーダーなのでしょう。

そんなリーダーがどれだけいるか、というよりも、そんなリーダーを目指して生きていく。たとえまだ途上にあっても、その心のあり方がマインドフル・リーダーたる資格だと考えることが許されるなら、ずいぶん心のハードルが下がるのではないでしょうか。

つまり、**マインドフル・リーダーは常に完璧で完成した存在としてそこにいるのではなく、発展途上のモヤモヤや二律相反する矛盾の気持悪さを抱えながら、しっかりとそれに気づいて生きていく**ということなのでしょう。

注03：３章147ページ参照。

マインドフル・リーダーは「よい人」ではない

米国の調査会社グラスボックスによる調査で、マインドフルネスの実践者にして、組織的な導入も強く推進してきたリンクトインのCEO、ジェフ・ウェイナー氏が「従業員支持率ナンバーワン」のCEOに選ばれました。

彼のリーダーシップのもと、リンクトインは前年比45%増のスピードで成長を遂げ、2015年2月現在、年間売上約2620億円、従業員約5000人、契約者数3億5000万人を誇る巨大なビジネス系SNSとなっています。

まさに名実ともに当代の現役バリバリ経営者を代表するマインドフル・リーダーといえそうな彼が、「経営と人材育成についての秘訣は何か」という問いに対し、次のように答えています。[注04]

「それはコンパッション（思いやり）です。リーダーシップ、チームの行動指針をまずコンパッションとするよう、しっかり企業価値として浸透させ、その結果、商品とサービスまでも思いやりに満ちたものにすることを目指しています」

こうした意図から、同社の「すべての人に雇用機会を与えて格差のない社会にすること」という

注04：アメリカの雑誌「Fast Company」（2013/7/1）～「Leadership Now」より。

ビジョンも生まれています。

これが単なるお題目でないのは経営実績で証明されていますが、それでもシリコンバレーの〝勝ち組〟経営者から、経営の秘訣が「思いやり」という言葉が聞こえてくるなんて、多くの日本のビジネスピープルにとっては、意外なことではないでしょうか。

日本で「思いやり」から連想するのは、相手の気持ちを汲む、相手のために行動する、やさしくしてあげる、助けてあげるといったことです。

しかし、ジェフ・ウェイナー氏のいう「思いやり」は少し違います。

「ビジネスにおけるコンパッション、本当の思いやりとは、ただナイスに接していつも相手に同意するのとはまったく違います。本当の思いやりは、自己研鑽して卓越したものを相手に提供し、相手からも同じことを求めること。だから、時には厳しさがコンパッションであることもあります。だから思いやりを示すことが、とても困難な時もあるのです」

2015年2月に開催されたWisdom2.0[注05]に登壇した彼は、そのように語っていました。

ビジネスにおいて必要な思いやりは、ただ「よい人になること」「ナイスな人と思われること」とは違うのです。それでは、相手や組織の成長を支えることにはなりません。

人として、相手に共感できる能力は重要です。

注05：１章66ページ参照。

それも思いやりの大事な要素のひとつですが、必ずしも相手に同調するわけではなく、また、一方的な同意でもないということです。

相手の気持ちをわかってあげるだけでなく、相手の様子や現状を理解したうえで、適切に対処する力が求められます。

ジェフ・ウェイナー氏は次のように続けています。

「特にすべての人に対して無条件のコンパッションをもって接するには、自己統制やタフな精神力が要求されます。気に入らない人に対しても思いやりをもつわけですから。常にソフトで、あったかくて、居心地がいい、というわけにはいきません。でも、それがリーダーというものです」

共感しながらも相手のいうことを鵜呑みにせず、正しい理解のもとで接する。まさに「いま」「ここ」に注意を向け、しっかりと自分を制御できていなければ、できないことです。

マインドフルネスの実践からくる深い洞察と叡智、それがまたマインドフル・リーダーの真のコンパッションを支えていることがわかります。

マインドフル・リーダーへの道

修行ではなく、ジムでトレーニングをするように

かつての日本の偉大な経営者、リーダーが行ってきた瞑想は、仏教、特に禅の教えと切っても切り離せない関係にありました。

また、禅が〝ZEN〟として世界的に注目されているのも事実ですし、かつてスティーブ・ジョブズが禅を学んでいたことは、よく知られています。欧米の一部の人々の間には、私たち日本人が想像する以上に、彼らなりの解釈が加えられた「仏教」が浸透しています。

しかし、現在、米国から世界へと広がりつつあるマインドフル・リーダーの実践は、あらゆる信仰に限定されない、脱宗教化されたものです。もう宗教とは別のものといったほうが適切でしょう。

これは仏教が敬遠されているからではなく、信仰の壁を取り払って、価値のあるものを広めるた

めにそうなったと考えるのが妥当です。

ほとんどのマインドフルネスの実践者は、特別な修行ではなく、日常の鍛錬として、心を整え、自分本来の力を発揮するために、マインドフルネストレーニングに励んでいます。

このような経緯から、マインドフルネスの考え方が、個人の宗教的信念に反するということはありません。

そのため、たとえば、2015年春に亡くなったシンガポール建国の父、リー・クアンユー元首相は、カトリックの僧であるローレンス・フリーマン氏から瞑想を学んでいました。また前述したサンフランシスコの著名な禅僧ノーマン・フィッシャー氏は、ユダヤ教会で頻繁にマインドフルネス瞑想を教えています。

日本人はもともと仏教が身近なだけに、かえって〝俗人〟が〝カジュアル〟に瞑想することに対して、心理的なハードルが高いのかもしれません。瞑想というのは、もっと神秘的な体験だといった誤解が存在しているのではないでしょうか。また、宗教の名を騙ったカルト集団による事件の記憶が、いまだに尾を引いていることも影響しているかもしれません。

しかし私たちはここ数年で、カジュアルなトレーニングとしてのマインドフルネスが、着実に日本でも育ちはじめていることを実感しています。

「難しい、大変そうだと思っていたけれど、これならできる」という実感をもつ人がとても多いのです。

その一方で、もとより仏教徒であれば〝信仰の違い〟を気にする必要がないので、カジュアルなマインドフルネスからスタートしつつ、それを深めていく過程で、２５００年にも及ぶ仏教の歴史に思いを馳せてみるのもよいかもしれません。

このあたりは完全に個人の選択であり、私たちもビジネスシーンにおける取組みとは区別していますが、そこには、簡単には言葉にできないような豊穣な世界が広がっています。

私たち日本人は、そこに広がる無尽蔵なリソースを活用できる立場にあるのですから、興味をもった人は、探求してみるのもよいでしょう。

もしかしたら、私たちが世界に貢献できるカギが見つかるかもしれません。

「忙しい」は言い訳にはならない

カジュアルにはじめることを前提にしつつも、それを深めていくマインドフル・リーダーになるための実践について考えてみましょう。

大前提として、マインドフル・リーダーの探求は、短期集中型のセミナーやトレーニングで終わるものではなく、ましてや知識を身につければよいというものではありません。

マインドフルネスは終わりのない実践そのものであることというのが、すべてのマインドフル・リーダーの姿から見えてくることです。

私たちにとって身近なメンさん[注06]の例を紹介すると、彼は毎日1時間前後のマインドフルネストレーニング（呼吸に注意を向ける瞑想や思いやりの瞑想、ボディスキャンなど）を行っています。

また、彼のスマホは一時間ごとにベルが小さい音で鳴るようになっており、ベルの音で深呼吸をしたり、短時間のマインドフル・ウォーキングをして自分の軸を取り戻す、ということも行っています。

さらに、年に少なくとも一度は1週間前後の沈黙の瞑想リトリート[注07]に参加します。

しかし、こうした特別な時間だけがマインドフルネスの実践ではありません。

3章～5章でも触れたように、**日常のあらゆる行為の中にマインドフルネスの種があります。**

特にメンさんは、人と接する時間を重要なマインドフルネストレーニングと考えています。相手と自分の状態にしっかりと注意を向けて、その時間に最善を尽くす。それはグーグルを訪れるＶＩＰに対してだけではなく、相手が自分に敵対する人であっても、同じように最善を尽くすのです。

「継続することが大事だと頭ではわかっていても、なかなか忙しくて」という声はよく聞きます。

しかし、グーグルの幹部にして、複数の社会的価値の大きい組織の創設に関わり、ノーベル平和賞候補にもノミネートされる社会的活動家、メンさんの忙しさといったら、筆舌に尽くしがたいも

注06：SIY開発者のチャディー・メン・タン氏。

注07：ヴィパッサナまたはインサイトメディテーションと呼ばれる。

マインドフル・リーダーの行動

- 毎日 30 分以上何もしない、あるいは瞑想のための時間をとっている
- 瞑想だけをマインドフルな時間とせず、仕事や食事中などにマインドフルな状態であることを大切にしている
- １時間ごとのスマホのベルなどを利用して、「いま」「ここ」に意識を戻す
- 年に一度は、休みを利用して瞑想の実践を深めるリトリートに参加している
- デジタルデトックスを定期的に行っている
- （おまけ）ジョーク、カラオケなどを通して組織やチームに和み、ゆるみをつくる努力を怠らない

のがあります。

少なくとも、そうした事実を知っている私は、「忙しいからできない」などという言い訳は、おこがましくて口にできません。

忙しいといえば、前述リンクトインのジェフ・ウェイナー氏もおそらく「超」がつくほど多忙な人だと思いますが、毎日30分から90分の「ナッシング（Nothing）」という予定を必ず入れていて、その間は、絶対に打ち合わせなどのアポを入れないことで有名です。そして、この**「ナッシング」の時間こそが、ビジネスリーダーに絶対に必要なスペースである**、とも述べています。

その時間、彼は集中を遮られることなく心をクリアにし、３年から５年後の会社がどうなっているか、消費者のニーズでまだ満たせ

てないことは何か、競合に比べて有意差をどう確立していくか、ビジネスの前提条件に過ちはないかなどを、あらゆるデータを駆使しながらひたすら検証していくのです。

ここまで見てきたマインドフル・リーダーたちの行動を整理してみましょう（257ページ参照）。

入ってくるメール、緊急な案件、ミーティングの数など、誰よりも多いであろう彼らですが、長年にわたって毎日、マインドフルネスの実践を続けられているのは、「やらなければいけない」からではなく、**「必要な・価値ある時間」**であると実感しているからなのです。

深い「気づき」は求めても得られない

日常生活のあらゆる場面でマインドフルネスを加える工夫もしたとして、日々〝瞑想〟をしていれば、マインドフル・リーダーになれるのでしょうか。

私の答えはイエスであり、ノーでもあります。

マインドフルネスの実践を重ねた結果、脳のパフォーマンスが高まり、自己認識や自己統制の力が鍛えられる。共感力が高まり、安定感があり、人とのつながりも上手に築くことができる。そして、そうした人間性が、自然に周囲にも伝わる。これぞ、マインドフル・リーダーです。

ただ、まだひとつ説明しきれていないことがあります。

たしかに彼らは、マインドフルネスを通じて「自己」を高めることに努めていますが、じつは、その**「自己」には一切とらわれていない**という点です。

これは、本書でみなさんにお伝えしたいことの中で、いちばん難しい部分かもしれません。**自分のためにやってきたことが、いつしか「自分」という存在に対する見方を変えていく**。そんな道をたどっていくのが、マインドフル・リーダーなのです。

逆に、マインドフルネスを自分のために実践し、あくまで他者と比較した時の相対的な自分の成長を求め、他者に対して自分を優位にするために時間を費やす人もいます。

ところが、こうして取りくむ人がぶつかるのは、マインドフルネスを追求していたつもりなのに、いつの間にかマインドフルネスから遠く離れてしまった、というパラドックス（矛盾）です。

マインドフルネスの実践を続けて自分の内外をよりクリアに察知できるようになると、これまで以上に、事象を深く掘り下げた気づきが得られます。

それがさらに深まると、**人間が生きていくうえで本質的、内在的な価値の気づきに至る**のかもしれません。

気づきというのは、それを〝求める〟ために瞑想をしたり、何らかの修練をして得られるものではありません。ですから、**マインドフルネスの目的として「気づき」を〝求めて〟しまうと、その力がかえって「気づき」に至る道を阻害する**、というのは先ほど述べたとおりです。

実際、マインドフルネスの実践を楽しんでいるうちに、あくまで〝結果として〟多くの気づきを得る、という物語を、マインドフル・リーダーたちは口にします。

命そのものへの深い尊敬と感謝。システムとして人・社会・環境が深くつながり、影響し合っていることなどが、はっきりと「気づき」として浮かんできて、そのインパクトは薄れることがない、と彼らはいいます。

ジェフ・ウェイナー氏のように、「思いやり（コンパッション）」を第一の価値とするマインドフル・リーダーが多いのもそのためです。

自分自身をリードする生き方

大きな矛盾をホールドする

これまで述べてきたように、マインドフル・リーダーは、マインドフルネスの実践からもたらされる深い洞察力と自己認識によって、自分がなんのためにこの世界に生きているのか、という天命

（ビジョン）に気づき、それに向かって精進を続けられる人です。

しかし、いくら天命とはいえ、経済的に成り立たないのでは、ビジネスピープルがマインドフル・リーダーシップを取り入れる意味はありません。

たとえば、あなたの天命が「地球環境を守ること」だったら？

たとえば、あなたの天命が「すべての人に雇用機会を与えて格差のない社会をつくること」だったら？

たとえば、あなたの天命が「世界平和に貢献すること」だったら？

その場合、ビジネスと社会貢献は相容れないとして、天命をあきらめ、心の一部に蓋をしながらビジネスに邁進するか、あるいは、儲けをあきらめ、貧乏覚悟で慈善活動に専念するしかないのでしょうか。

5章のマインドフルな会話の実践でも取り上げたように、マインドフル・リーダーは、たとえば地球環境を守る、といった非常に大きな枠組みのビジョンであっても、そこにビジネスチャンスを見出して、ビジョンの実現とビジネスでの成功を同時に達成するためにチャレンジします。

地球環境保護と経済成長という一見矛盾するようなテーマであっても、そこでギブアップするのではなく、まず、それぞれ別個の概念としてホールドし、ありとあらゆる視点から、収益のチャンスを創造していくのです。

その時に必要となるラディカルでクリエイティブな視点は、脳科学の研究で一部ひも解かれつつあります。マインドフルネス瞑想によって、前頭前野の矛盾する概念をホールドする機能が高まり、クリエイティブな閃きを見逃すことなくつかみとる自己認識力も高まるのです。

人間本来の姿を取り戻す

大きな矛盾をホールドするとか、ラディカルでクリエイティブな視点というと、いかにも大変な能力のように感じるかもしれませんが、じつは、きわめて自然にそうした発想になっていくというところが、さらに大事なポイントです。

世界中のマインドフルネスの第一人者たちから信頼を寄せられているWisdom2.0の主宰者、ソレン・ゴードハマー氏[注08]は、私に次のように話してくれました。


「じつは、私には、いまのビジネスを改革しようという意図はないのです。人はもともと善なるもの、つながりをつくる能力や思いやり、人を惹きつける力はもともとあると思っています。それが組織の問題や競争といった環境要因で、見失われたり、忘れられたりしている。インターネットやデジタルガジェットで時間と注意を奪われるしね。ですから、

注08：ハリウッド俳優、リチャード・ギアのチャリティ活動団体のディレクターなどを経てwisdom2.0を立ち上げた社会活動家。シリコンバレーの経営者やマインドフルネスの世界的権威らと幅広い親交をもつ。カリフォルニア在住。

> 本来の人間の善きところ、つながりをつくる力、思いやりといったことを思い出し、取り戻してもらうことが、私の活動の中心だと思っています」

私はこの話を聞いて、マインドフル・リーダーとは「必死になって素晴らしいビジョンを探し出す人」ではなく、**「ただ目の前にある、真になすべきことが見えている人」**だと気づきました。

ソレンさんは、次のように続けます。

> 「その結果、一人ひとりの意識が高まって、自分の仕事への関わりが深まり、そこから成果が出てくる。それが周囲に認められるようになっていく。だから、私たちが元来もっている性質、本質的な人間らしさを取り戻していこう。それが私の意図です」

実際に「地球環境を守る」というゴールからビジネスチャンスを見出し、成功した事例としては、アパレルのパタゴニア社が知られています。地球環境がダメになってビジネスの成功などあり得ないのですから、考えてみれば当然の発想です。

日本発のマインドフル・リーダーシップ

英語圏からの発信力は強いので、マインドフルネスやコンシャス・ビジネスは米欧からはじまった潮流というイメージが定着しています。しかしながら、日本には伝統的にマインドフルネスの豊かな姿源がありますし、企業経営の現場においても、マインドフルネスを体現するすばらしいリーダーたちがいます。21世紀の世界に通用する経営モデルとして、日本の「よい会社」が米欧やアジアにおけるＭＢＡのケーススタディになる日も近いのではないでしょうか。

たとえば、「かんてんパパ」で知られる伊奈食品工業（長野県伊那市）の塚越寛会長は、まさに日本が誇るマインドフル・リーダーであり、同社はマインドフル・カンパニーといえるでしょう。

創業以来30年以上も増収増益を続ける同社は、短期的な急成長を志向せず、着実に身の丈に合わせて進む「年輪経営」で知られています。[注09]

塚越会長の次の言葉を、あなたはどのように受けとめるでしょうか。

「うちは仕入先を大切にする、町づくりをしっかりやる、といった決め事が10か条あります。その精神は、公を意識しながら会社を運営していくことの大切さです。公を意識することは、すなわち自分自身の行動を客観的に眺めることにつながります。経営者や上司が公の意識をもち、大きな視点で行動していれば、自ずと社員たちとの付き合い方にも節度が出てきます」

出典：『リストラなしの「年輪経営」』（塚越寛著、光文社、２００９年）

注09：参考『いい会社をつくりましょう』（塚越寛著、文屋、2004年）、『リストラなしの「年輪経営」』（塚越寛著、光文社、2009年）、『幸せになる生き方、働き方』（塚越寛著、ＰＨＰ研究所、2012年）

ここで語られている内容は、「コンシャス・ビジネス」という経営の最先端で生まれた概念とピッタリ符合しています。

コンシャス・ビジネスは、社会全体をひとつの大きなシステムととらえ、企業はその中にあるサブ・システムとする見方です。これまでは、サブ・システムである企業が自らを最適化・最大化することが優先されていました。一方、これからの新しい考え方は、**サブ・システム（企業）が、より大きなシステム（社会）を最適化することにより、ビジネスチャンスと価値を生む**というものです。

何度も紹介しているリンクトインのジェフ・ウェイナー氏は、まさにこの考え方にもとづいてコンシャス・ビジネスを推進しています。なぜこれが成功のカギになるかについては、彼の次の言葉がひとつの答えといえるでしょう。

「企業に勤める個人は、企業のために働くのではなく、その上位にあるシステム（社会）に対する自分の志を達成するために、企業というプラットフォームを活用する。企業というプラットフォームがなければ、志の達成は難しいため、個人の企業へのかかわり（エンゲージメント）はより深くなる」

「ここで企業は『収益によってドライブされる』サブ・システムから『志によってドライ

ブされる』サブ・システムとなり、一人ひとりのモチベーションとエンゲージメントが最大化され、ひいてはビジネスの結果につながる」

このように、ジェフ・ウェイナー氏の実践は、「公を意識しながら会社を運営する」という塚越会長の実践と相通じるものです。また会社よりも上位にあるシステムから発想するコンシャス・ビジネスについて、塚越会長はシンプルに「利他」という言葉を用いて次のように語っています。

「人を幸せにするという人間の原点に則った行動を真心をこめて実行すれば、結果として成長につながる。人間として『利他の精神』を大切にしながら、日々努力すればいいのです」

出典：『リストラなしの「年輪経営」』（塚越寛著、光文社、2009年）

松下幸之助が遺した「会社は公器」という言葉にも象徴されるように、もともと日本にはコンシャス・ビジネスの素地があります。近江商人の「三方良し」の精神（売り手良し、買い手良し、世間良し）にも、相通じるものがあります。

マインドフルネス自体がそうであるように、**マインドフル・リーダーシップの源流もまた日本にあると**考えてよいのかもしれません。

システムで見るビジネス

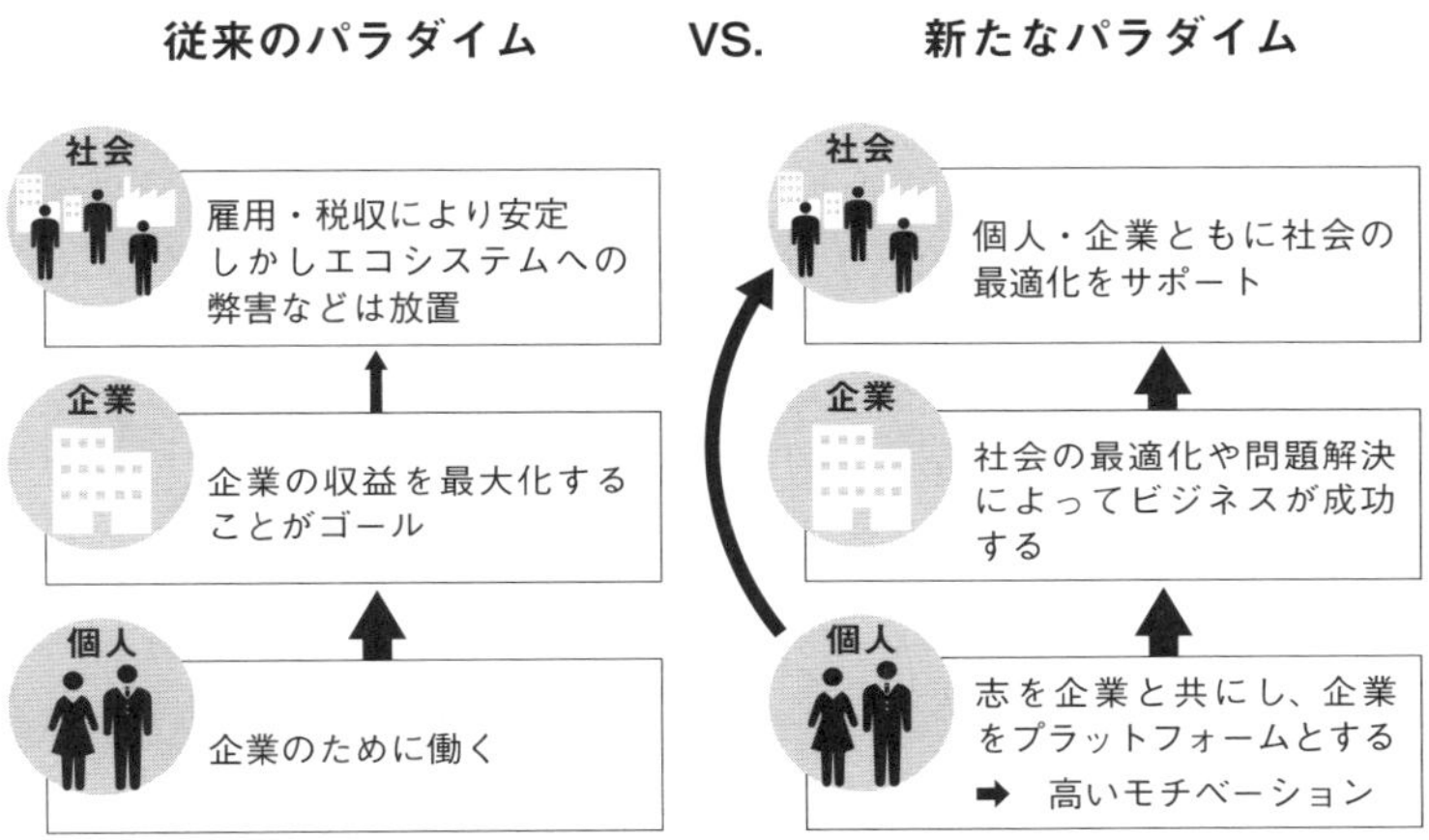
従来のパラダイム
VS.
新たなパラダイム
社会
雇用・税収により安定
しかしエコシステムへの
弊害などは放置
企業
企業の収益を最大化する
ことがゴール
個人
企業のために働く
社会
個人・企業ともに社会の
最適化をサポート
企業
社会の最適化や問題解決
によってビジネスが成功
する
個人
志を企業と共にし、企業
をプラットフォームとする
➡ 高いモチベーション

「いま」「ここ」に圧倒的な平和をつくる

激しい競争、目まぐるしく更新される情報、さまざまな要素が絡み合った問題、複雑化する人間関係。そうした環境で生きている私たちビジネスピープルにとって、もしかしたら平穏な日々というのは贅沢なことなのかもしれない——そう思うことがあります。

世界の5人に1人は危険と隣り合わせで生きています。

仮にあなたが、地雷を踏まないように前の人の足跡と同じところを歩いたり、近づいてくる爆撃機の音に怯えたり、いきなり暴漢に襲われる危険にさらされたりしていないとしても、真の平和は、やはり贅沢なものかもしれません。

そうであるならなおのこと、この本を読んだみなさんが、マインドフルネスの実践を通じて、自分自身の天命に目覚め、圧倒的な平和を築き上げていくことを願っています。

米国の人気報道番組「60Minutes」で、チャディー・メン・タン氏[注10]が**「マインドフルネスの実践を続けると、オンデマンドで（自在に）平和をつくることができる」**と語っています。グーグルというグローバル企業の幹部で、世界中の政財界のリーダーとつながっている彼が、メジャーなテレビ番組で瞑想について語ったのです。いままでの常識からすれば、とてもラディカルな発言かもしれません。

またこの番組には、グーグル副社長のカレン・メイ氏や、ジョン・カバット・ジン博士も登場しています。

この「オンデマンドで平和をつくることができる」という発言について、メンさん自身がさらに詳しく説明した記事があります。「Quora」というQ&Aを投稿・編集できるコミュニティサイトにおいて、「仏教は人々が成功を得るための助けになるか？　それとも平和な気持にさせてくれるだけか？」という単刀直入な質問に対して、仏教や禅への造詣も深いメンさんが答えたものです。

その記事の中で、メンさんは自身の体験にもとづいて、とてもわかりやすくマインドフルネス瞑想の実践時間と、それがもたらす変化の関係を紹介しています。

彼の個人的な体験によると、50～100時間の実践で、心の落ち着きなど何らかの変化が実感で

注10：序章25ページ参照。

きるといいます。その後、500時間ほどの実践経験を積んで、やさしさや思いやり、寛大さといった、いわゆる善なることに自然と惹かれるようになったそうです。そして、これは彼に限らず、多くの実践者に共通することなのです。

さらに、1000時間が経過すると、いよいよオンデマンドで平穏さや喜びを起こすことができるようになったといいます。さらに重要なこととして、この段階では**「成功があまり重要なことではなくなる」**のだそうです。それはどのような状況であれ、オンデマンドで平和が呼び起こされるからに他なりません。

> 「この時点で、自己と成功の関係性はとても健康なものへと移行する。それまでは、自己とは成功のための奴隷であった。この時点では、自己と成功は友だちである。他の友だちと同じで、一緒にいることもあれば、いないこともある、すべての友だちと常に会っていなくても支障をきたさない。成功は個人の選択である」

さらに2000時間を超えると、別のスイッチが入るといいます。

ここは非常に深遠な領域で、まさにカジュアルなマインドフルネスが2500年の伝統に足を踏み入れるところといえるかもしれません。少し難解な表現も出てきますが、私たちの思いも込めて、メンさんの記述をそのまま引用しておきます。

「2000時間を超えると（少なくとも私にとって）別のスイッチが入る。ほとんどの瞑想のアドバンスな段階と同様に、人によってそれぞれ違った特徴を経験する。ひとつの特徴は日常的なことと非日常的なことの『非二元性』に気づきはじめることだ。よくいわれるのが『サムナラ（俗界の苦しみ）』と『ニルヴァーナ（苦しみのない状態）』は同じものである、と。これは、この段階にない人にとってはいやらしいほど混乱する話である」

「私の経験は少し違った。頑固な苦しみの層を経験しながら、その下には岩のように強固な内なる平和と喜びの土台がある、といったような。この経験は日々の仕事を含めて、すべてに広がる。明らかにこの経験は、自己と成功の関係性をさらに複雑にして、このQuoraの記事内では簡単には説明できない。さらにこの時点で話を複雑にするのが、無我（non-self）の発見であるが、これ自体が大きなトピックである」

そして、次のように結びます。

「そしてさらに素晴らしいのは、やってくる現世的な成功より、さらに先にはもっともっと甘い果実があるということ。だから実践してほしい」

この言葉をどう受け取るかは、もちろん、みなさんの自由です。

マインドフルネスが人に及ぼす影響が、すべて解き明かされたわけでもありません。しかし、私たち人類ははじめて、旧来の宗教的な伝統やヒッピームーブメントとは異なる文脈において、圧倒的な平和に向かう一歩を踏み出そうとしているのです。

たとえそれが、まだヨチヨチ歩きの頼りない一歩だとしても、その一歩を踏み出す人すべてを、私は心からの尊敬を込めて「マインドフル・リーダー」と呼びたいと思います。

おわりに

よりよい未来を創る組織と人の変容のために

荻野　淳也

約10年前、私は、某ベンチャー企業の経営企画部門責任者として、IPO（株式公開）を担当し、公開後は、社内外の数々のプロジェクトに参加し、ほとんど休日を取らないまま1日16〜20時間働き、終電もしくはタクシーで帰宅し、始発で出社という日々を過ごしていました。

ベンチャー企業のリーダーとして、バリバリ働いていたといえば聞こえはいいですが、器用貧乏がたたり、他の社員が担当できない業務を一手にひきうけ、ほぼパンク状態。当然、心と身体は悲鳴をあげ、頭はショート寸前という状態でした。

その時期、友人に誘われ、女性を中心にブームとなっていたヨガのクラスになにげなく参加しました。その最後20分、瞑想のパートがあり、人生ではじめて、瞑想を行ったのです。その瞑想の体験は、私に強烈な衝撃を与えました。頭と心がスッキリとこれまで味わったことがないくらいクリアになり、身体の感覚も研ぎすまされ、まさに心身ともに生まれ変わったような感覚を味わいました。

いま思い返せば、まさにそれが「マインドフルネス」の状態。その衝撃を味わったのと同時に、自分が普段どれだけ、寝ている間を含め24時間、頭や心の中で思考や感情が渦巻き、クリアな意思決定や行動を阻害しているかを理解したのです。

そして、「これこそ忙しく働くビジネスピープルに必要なメソッドで、仕事の成果をあげるだけでなく、彼ら彼女らの人生の幸せにもつながるはずだ」と確信しました。その衝撃と気づきは、私の人生を変え、体験から数カ月後、私はそのヨガスタジオを運営する会社に転職するほどでした。

そののち、志をともにする木蔵と吉田に出会い、マインドフルネスをビジネスパーソンに伝える現在の活動に至ります。

時代が大きな転換期を迎え、人々の価値観が大きく変化するなか、企業経営、組織づくり、リーダーシップ、人材育成などの手法も従来の「やり方」では通用しなくなりました。しかし組織や人が根本的な変容を迎える時、必ずといっていいほど、その内面には未来の変化に対する恐怖や過去に対する執着が発生します。

そのことに対する深い気づきから始めることが、組織の存続可否を決め、その組織で働く社員の人生を左右し、または、リーダー自身の人生を180度変えてしまいます。だからこそ、私たちは、よりよい未来のため、マインドフルネスを実践し、身につけていく必要があるのです。

最後に改めて強調したいのは、マインドフルネは誰でも習得可能な技術であり、技術であるからこそ、日々の実践が必要だということです。本書があなたの人生に、マインドフルネスの種が根付き、芽吹くきっかけとなりましたら幸いです。

自分・ビジネス・社会のそれぞれを相互に最適化する——そのミッションに向かって

木蔵（ぼくら）シャフェ　君子

本書を書くにあたり最もイメージしたのは、「かつての私自身が知りたい、読みたいと思っていたことをわかりやすく一冊にまとめる」ことでした。

「生きがいと幸福感をもって仕事を成功させ、しかもその結果少しでもよりよい社会にしていくには？しかも、その命題に対して、机上の空論ではなく、実例や科学的後ろだてもあり、そして実践方法もわかる——そんな本が欲しかった、そんな本をお届けしたい、という思いで筆を進めてまいりました。

私事になり恐縮ですが、この命題に対しての試行錯誤を経て、現在私の住むカリフォルニア州で2009年に出会ったのがマインドフルネスでした。

それまでの私のアプローチは、「目標を定め、それに向かって自分をストレッチして（負荷をかけて）達成していく」というプラグマティックなものでした。現時点をポイントA、ゴールをポイントBとし、ポイントBに至るまで知恵と体力を振り絞って進むのです。

貧しい（でも愛情豊かな）母子家庭で育った私が、自費留学でMBAを取得し、外資系のバリキャリ女性管理職となり、また渡米して起業できたのも、この命題に突き動かされ、更なるポイント

Bを追い続けてきたからです。

しかし、このアプローチには大きな落とし穴がありました。将来にあるポイントBに集中するあまり、今を味わい楽しむことを自分に許さなくなっていたのです。その結果、私の生産性は下がり、心身の不調をきたして関節の病気のため杖で生活するようになりました。

そんな6年前、友人のすすめで参加したのがマインドフルネス瞑想のトレーニングでした。

本当に久しぶりに、自分の選択としてしっかりと立ち止り、今を味わい、カリフォルニアの美しい自然も五感からしみ込んでくるのを感じました。そしてビジネスピープルとしても、これまで以上にリソースとエネルギーに満ちているのを徐々に実感するようになったのです。

加えて、シリコンバレーで成功するマインドフルネスをけん引しているリーダーたち、ＳＩＹＬＩのＣＥＯマーク・レサー氏、グーグルのチャディー・メン・タン氏、Wisdom2.0 創設者ソレン・ゴードハマー氏らとも懇意にさせていただくようになり、ぜひ日本にあった形でマインドフルネスをお届けしようと決意したのでした。

自己・ビジネス・社会を最適化するための答えが整っているとは、まだまだ決していえません。

しかし、マインドフルネスこそ、日米のビジネス・医療・ＮＰＯの最前線を垣間見てきた私たちＭｉＬＩの、「現在形で最高のポテンシャルをもつ理論と実践法」なのです。

今本書を皆様の手に取っていただいていることに、深く感謝申し上げます。本書が少しでも皆様のお役に立ち、今ひとときに立ち止まるきっかけとなることを願ってやみません。

何者でありたいか、そして何を遺したいか

吉田　典生

私が瞑想に出会ったのは27歳のときでした。世界的に普及しているTM瞑想（超越瞑想）と呼ばれるもので、その後、折りに触れてたくさんの瞑想法を学び、その引き出しは増えていきました。深いお付き合いのない人には、何かのきっかけで瞑想の話をして意外な顔をされたことが何度もあります。私が理詰めで人材育成や組織づくりを考え、シビアにパフォーマンスを推進するようなスタイルで仕事をしている人間で、瞑想とは程遠いと思われているようです。

実際それは当たらずとも遠からず、かもしれませんが、大事にしている「理詰めにできない問い」がふたつあります。それは「自分とは何者か」、「何を遺していきたい（逝きたい）のか」です。

いまの世界には情報が溢れ、アクセシビリティが向上しています。ですから基本的なリテラシーさえ身につければ、仕事をしていくうえで、またより良く生きていく上で、必要な情報を集めることは以前よりずっと容易になりました。もはや自分のために適切な「やり方」をみつけること、それを促すツールを探すことは、それほど苦ではないでしょう。

しかし、自分を何者ととらえるかによって、グーグルが実現してくれたアクセシビリティの恩恵は、世界全体の恩恵につながることもあれば、その逆もあり得るのではないでしょうか。また、何

を遺そうかと自問する――自分がこの世から去った後の世界についてイマジネーションを広げる――のと、そんなことより自分の目が黒いうちに「達成」したいことを描くのとでは、後世の人々が語る〝我ら21世紀のデジタルエイジの姿〟は、大いに違ったものになるだろうと思います。

ほんとうは、10年くらい前からそんなことを考えてきました。そしてコーチ、コンサルタントとして、単なる「会社の高馬力マシーン育成支援係」になるのとスレスレ、表裏一体のところで、どうやってこのことを伝えるか、そのためにいかに自分が真に在りたい姿になっていくかを考え、果てしない距離を感じながら試行錯誤をしてきました。しかし、ある時ふと立ち止まると、身近なところ、遠いところ、世界のあちこちに、同じ苦しみと情熱をもち、人間を諦めていない素敵な人がいることや、生きとし生ける者すべてを慈しむことを躊躇しない組織があることが見えてきました。この本をみなさんにお届けすることができたのも、そんな数々のご縁の賜物です。

「早く本を出して」とリクエスト、応援してくださったクライアント企業のリーダーの皆さん、ＳＩＹや月例セミナー参加者の皆さん、いつもＭｉＬＩの活動をサポートしてくれている仲間の一人ひとりに、心より感謝申し上げます。また内輪の話で恐縮ですが、いつも身勝手な私と荻野、木蔵を支えてくれているスタッフの藤田ゆかりに、ここで感謝の意を伝えたいと思います。

最後に、「今、世に出すべき本です」と言って１００％フルに注力しつづけてくれた編集担当の柏原里美さん、タイトなスケジュールのなかで力強いサポートをいただいたライターの田中幸宏さんのおかげで、ここまでたどり着けました。ほんとうにありがとうございます。

＜著者プロフィール＞

荻野 淳也

マインドフルリーダーシップインスティテュート代表理事。

大手住宅メーカー、外資系コンサルティング会社コンサルタント（管理会計、組織開発）、ベンチャー企業役員を経て独立。ミッションマネジメント、マインドフル・リーダーシップ、マインドフル・コーチングという軸で、リーダーや組織の本質的な課題にフォーカスし、その変容を支援している。2013年にマインドフルリーダーシップインスティテュート（MiLI）を設立。特定非営利活動法人いい会社をふやしましょう・共同発起人、児童養護施設出身者のための奨学金付きスピーチコンテスト「カナエール」・副実行委員長。

木蔵《ぼくら》シャフェ君子

マインドフルリーダーシップインスティテュート理事。

ICU卒、ボストン大学MBAを取得後、大手外資系企業にて有名ブランドのマーケティング部門で高いマーケットシェアを獲得する。2000年より渡米し、講師・カウンセラー・コーチとして活動。医療コミュニケーション研修会社を経営した後、2013年MiLIの設立に参画。日本人女性初のSIY認定講師として、グローバルな舞台でマインドフルネスのトレーニングを行っている。著書に『NLPイノベーション』（春秋社、共著）『Innovations in NLP』（Crown Publishing、共著）、『100歳までウォーキング』（日本フィットネス協会、共著）

吉田 典生

マインドフルリーダーシップインスティテュート理事。

関西大学社会学部卒業後、ビジネス誌・人事専門誌の編集、記者を経て独立。1000名超のビジネスリーダーをインタビューする傍ら、リーダーシップ論やコーチングを学び、2000年に（有）ドリームコーチ・ドットコムを設立。以降、経営・幹部層の個人コーチ、組織コミュニケーション開発のコンサルタントとして「心と役割と行動の最適化」を支援。国際コーチ連盟マスター認定コーチ、日米のプロファイルズ社戦略的ビジネスパートナー。著書に『なぜ、「できる人」は「できる人」を育てられないのか?』（日本実業出版社）など多数。

＜監修者プロフィール＞

一般社団法人ＭｉＬＩ
(Mindful Leadership Institute)

グーグル本社で開発された"Search Inside Yourself"（SIY）をグローバルに展開する米国SIYLIと連携し、同プログラムを企業・団体・個人対象に実施。またマインドフルネスの概念とメソッドを取り入れた組織コンサルティング、トレーニング、ビジネスリーダーを個別支援するマインドフル・コーチングを提供している。

http://mindful-leadership.jp/

読者限定プレゼント

「マインドフルネス瞑想ガイド動画」

下記 URL でお申込みください。

http://mindful-leadership.jp/for-reader/

【注意事項】

○特典は、ウェブ上で利用いただく動画です（ご自宅に DVD をお送りするものではありません）。

○音楽再生プレイヤー、ソフトのご利用方法、パソコンなどの設定についてのご質問にはお答えしかねますのでご了承ください。

○本プレゼントは、予告なく終了する場合があります。

編集協力：田中 幸宏

世界のトップエリートが実践する集中力の鍛え方
ハーバード、Google、Facebook が取りくむ
マインドフルネス入門

2015 年 8 月 10 日　初版第 1 刷発行

著　者 —— 荻野 淳也、木蔵 シャフェ 君子、吉田 典生

監 修 者 —— 一般社団法人MiLI
発 行 者 —— 長谷川 隆
発 行 所 —— 日本能率協会マネジメントセンター

〒103-6009　東京都中央区日本橋 2-7-1　東京日本橋タワー
TEL　03（6362）4339（編集）／03（6362）4558（販売）
FAX　03（3272）8128（編集）／03（3272）8127（販売）
http://www.jmam.co.jp/

装　　丁 —— 鈴木 大輔、江崎 輝海（ソウルデザイン）
本文デザイン・DTP —— ムーブ（新田 由起子）
イ ラ ス ト —— ムーブ
印　刷　所 —— 広研印刷株式会社
製　本　所 —— 株式会社宮本製本所

ISBN 978-4-8207-4949-3　C2034
落丁・乱丁はおとりかえします。
PRINTED IN JAPAN